GBR
GBR
1667C
GBR8458R
GBR
8458R

Highlights

ENGLANDS SÜDEN

DIE 50 ZIELE, DIE SIE GESEHEN HABEN SOLLTEN

Highlights

ENGLANDS SÜDEN

Jörg Berghoff
Richard Gardner

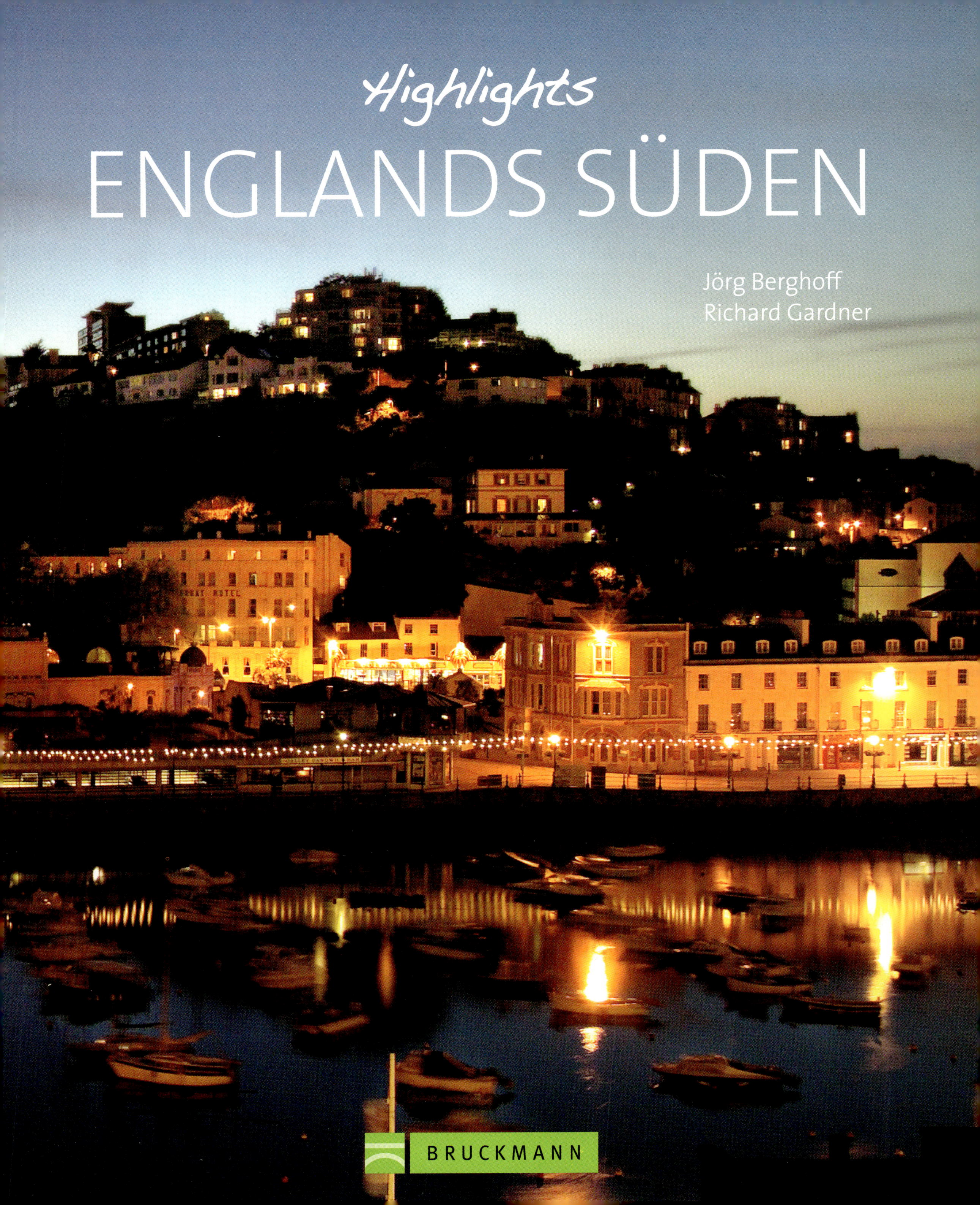

BRUCKMANN

Die Weltmetropole London verbindet auf einzigartige Weise Tradition und Moderne. Die Wächter im Tower of London, Beefeaters genannt (unten), sind ein beliebtes Fotomotiv für die Besucher. In der Brick Lane im Szene-Viertel Spitalfields (Mitte) werden neue Shopping-Trends gesetzt. Und in der Downing Street 10 (oben) die politische Richtung des Landes bestimmt.

Inhaltsverzeichnis

Ich liebe das Leben (Mitte) – diesem Motto haben sich London und ganz Südengland verschrieben. Jazz- und Weltmusiker wie Hugh Masekela aus Johannisburg spielen im Barbican Centre London auf (oben), ausgefallene Boutiquen und Shops wie hier in der High Street in Camden Town (unten) beflügeln die Einkaufsfantasien der Besucher aus aller Welt.

1 Sandwich
2 Canterbury
3 Rochester
4 Leeds Castle
5 Downe und Charles Darwin
6 Hever Castle
7 Royal Tunbridge Wells
8 Sissinghurst Castle Garden
9 Brighton
10 Rye
11 Eastbourne
12 Arundel
13 Parham House und Petworth House
14 Hampton Court Palace
15 Shopping-Metropole London
16 Kulturzentrum London
17 London – Großstadt am Wasser
18 Grünes London
19 Sportliches London
20 Winchester
21 Portsmouth
22 New Forest
23 Isle of Wight
24 Windsor Castle
25 Salisbury

26 Stonehenge

27 Stourhead

28 Bristol

29 Bath

30 Bournemouth

31 Jurassic Coast

32 Dorchester

33 Weymouth und Portland

34 Lyme Regis

35 Glastonbury

36 Wells

37 Exmoor National Park

38 Exeter

39 Torquay

40 Dartmouth

41 Plymouth

42 Dartmoor National Park

43 Lynton & Lynmouth

44 Eden Project

45 The Lost Gardens of Heligan

46 Lizard-Halbinsel

47 Penzance

48 St. Ives

49 Isles of Scilly

50 Padstow

Weiße Gischt und imposante Kreidefelsen: Die steilen Klippen der Seven Sisters und das 165 Meter hohe Beachy Head gehören zu den schönsten Etappen einer Küstenwanderung in Englands Süden. Im nahen Eastbourne erholt man sich von Wind und Wetter.

Liebenswertes Land am Meer

Weite Landschaften, die eine stille Melancholie verbreiten, die sanft und wild und mystisch zugleich erscheinen. Städte, die eine faszinierende Mischung aus maritimer Geschichte und modernem urbanem Lifestyle pflegen. Malerische Dörfer fernab des geschäftigen Trubels, in denen die Zeit stehen geblieben ist: Die zwölf Grafschaften Südenglands von den Gärten Kents bis zu den dramatischen Küsten am Land's End sind das Schönste, was England zu bieten hat.

Die Gärten von Arundel Castle in Sussex verführen die Besucher mit duftenden Wildblumen (oben), in der Grafschaft Devon haben Schafherden Vorfahrt. Auch die roten Telefonhäuschen gehören zum Stadtbild Londons (unten) wie das Strandleben zu Bournemouth (rechts). Und über allem wacht wie in Dunster eine imposante Burg (rechte Seite).

Eigentlich wollte Georg seinen Feierabend genießen, seine Ruhe haben und in Vorfreude auf die bevorstehenden Sommerferien schwelgen. Dann würde er seinen Rucksack nehmen, seine Knickerbocker anziehen, seinen Hut aufsetzen und wandern gehen; im Schwarzwald, der Rhön, im Thüringer Wald oder der Eifel – weit ab vom Zivilisationslärm. Daraus allerdings sollte nichts werden. Ein Anruf seiner Tante Elvira kam dazwischen – und eine zwölftägige Reise nach Südengland, die sie gemeinsam mit ihrer Freundin Petra in einem Preisausschreiben gewonnen hatte. Einen Ort an der Englischen Riviera hatten sie erraten sollen, der mit einer berühmten Kriminalschriftstellerin verbunden ist. Die Lösung war den beiden Rosamunde-Pilcher-Fans nicht schwer gefallen.

Georgs Rebellion

Doch jetzt brauchten sie Georgs Hilfe, wollten ihn zur Erkundungsfahrt auf die Insel schicken. Denn Pilcher-Fernsehen und Realität seien zwei paar Schuhe. Er solle in Erfahrung bringen, ob das Essen verträglich sei, die Menschen so freundlich und skurril wie oft beschrieben, wie der Linksverkehr funktioniere, ob man eine kleine Stehleiter mitnehmen müsse, um in die Betten zu gelangen; ob es um 16 Uhr nachmittags nur Tee gebe und der Kaffee am Morgen eher ungenießbar sei. Dann müsse man auch wissen, wie das mit dem Anstehen beim Einkaufen und an der Bushaltestelle läuft, welche Bemerkungen über das Wetter angebracht seien und welche nicht, ob man als katholische Christin eine anglikanische Messe besuchen dürfe, denn auf

THE 5 QUARTERS
DUNSTER VILLAGE SHOP & DELI
DUNSTER VILLAGE SHOP & DELI
The Crooked Window
The DUNSTER CASTLE Hotel
Cellar Bar

Die Szeneviertel Londons wechseln fast so schnell wie das Wetter. Die Brick Lane (oben) mit ihrem indischen Flair hält sich beharrlich unter den Top-Adressen wie Camden Market mit seinen Restaurants und Imbiss-Stuben (Mitte und unten). Auch die Liebe zu historischen Bibliotheken wie in Arundel Castle kommt nicht außer Mode (rechts oben).

ihren Sonntagsgottesdienst wollten Elvira und Petra nicht verzichten. Kurz und gut: »Hier, Georg, hast du die Liste mit unseren Fragen, in dem Umschlag ist das Geld für deine Ausgaben, eine Woche sollte reichen. Wann kannst du fahren?« Georg wollte rebellieren. Er habe als Lehrer ein anstrengendes Schuljahr hinter sich, er brauche Ruhe und keine Aufträge: »Gerne, Tante Elvira, wann wäre es dir denn recht?«, flüstert Georg und fragt sich, ob seine Tweedjacke vorher noch in die Reinigung musste.
So oder ähnlich könnte Ihre erste Reise nach Südengland entstehen, wenn Sie Tanten haben, die Rosamunde-Pilcher-Verfilmungen lieben und an Preisausschreiben teilnehmen. Es wird, wie bei Georg auch, nicht Ihre letzte sein. Er kam wohlbehalten und vor allem begeistert aus Südengland zurück und nahm seine Schüler mit zu einer Klassenfahrt auf den Spuren von Agatha Christie nach Torquay. Die Pilcher-Filme schaut er sich trotzdem noch nicht an. Dafür fragt er aber ab und zu bei Tante Elvira nach, ob sie denn wieder einmal an einem Preisausschreiben teilgenommen habe. Denn in London gebe es ja eine ganze Anzahl königlicher Paläste, die man sich anschauen sollte und zum Einkaufen auch genügend Gelegenheiten. Von den Wettbüros hat er nichts erzählt.

Wirtschaft und Politik

In Südengland, mit einer Fläche von rund 37 000 Quadratkilometern etwas größer als Nordrhein-Westfalen, leben etwa elf Millionen Menschen, zählt man London hinzu, über 20 Millionen. Die

Entfernung von Dover im Osten nach Penzance im Westen beträgt immerhin 570 Kilometer. Zwischen dem Südosten mit Kent, Surrey, Sussex, Berkshire, Hampshire und London als der reichsten Region Großbritanniens und dem dünn besiedelten Südwesten mit Dorset, Devon, Cornwall, Somerset und Wiltshire herrscht ein merkliches Gefälle bezüglich Infrastruktur und Wirtschaftskraft. Insgesamt aber liegt die Arbeitslosigkeit in Südengland etwa zwei Prozent unter dem Landesdurchschnitt. Der Dienstleistungssektor beschäftigt 80 Prozent der Menschen, außerdem spielen die Immobilienbranche, die Elektroindustrie und eine hocheffiziente Fischerei und Landwirtschaft eine Rolle. Auch der Tourismus war schon immer ein wichtiger Einkommenszweig, in Südengland stellt er rund acht Prozent aller Arbeitsplätze.

Gesellschaft im Wandel

Mancher meint, eine Reise nach England erfordere eine Art Gebrauchsanweisung. Doch die englische Gesellschaft wandelt sich schnell, derartige Handbücher sind rasch antiquiert. Die Aufstände in den Randbezirken von London im Sommer 2011 haben gezeigt, dass im Lande der Fairness, des Understatement, der Bescheidenheit und der höflichen Umgangsformen die sozialen Spannungen – wie anderenorts auch – beträchtlich zugenommen haben. In Südengland erwartet den Besucher allerdings eine besonders entspannte Atmosphäre. Selbst in den größeren Städten wie Brighton, Bristol, Portsmouth, Plymouth oder Bournemouth hat man sich auf einen Grundkonsens geeinigt: Das Leben ist zu schön und unsere Gäste zu willkommen, als die Zeit mit ernsthaftem Ärger zu verbringen.

Londons Prachtallee Whitehall führt vom Trafalgar Square zum Parlament, die Königsgarde hält vor dem Gebäude der Horse Guards Wache (links unten). Moderne Kunst im öffentlichen Raum spielt in den Städten Südenglands eine wichtige Rolle (oben), große Skulpturen bereichern den Camden Market (unten).

Die Liebe zum Detail findet man überall in Südengland. Ob im Musikpavillon an der Uferpromenade in Brighton (oben), am Taufbecken in der Kathedrale von Rochester (Mitte), der Gartenarchitektur in Arundel Castle (unten) oder im prachtvollen Rosengarten in Sissinghurst (rechte Seite): Ästhetik und Harmonie sind prägende Gestaltungsprinzipien.

KENT, SUSSEX, SURREY

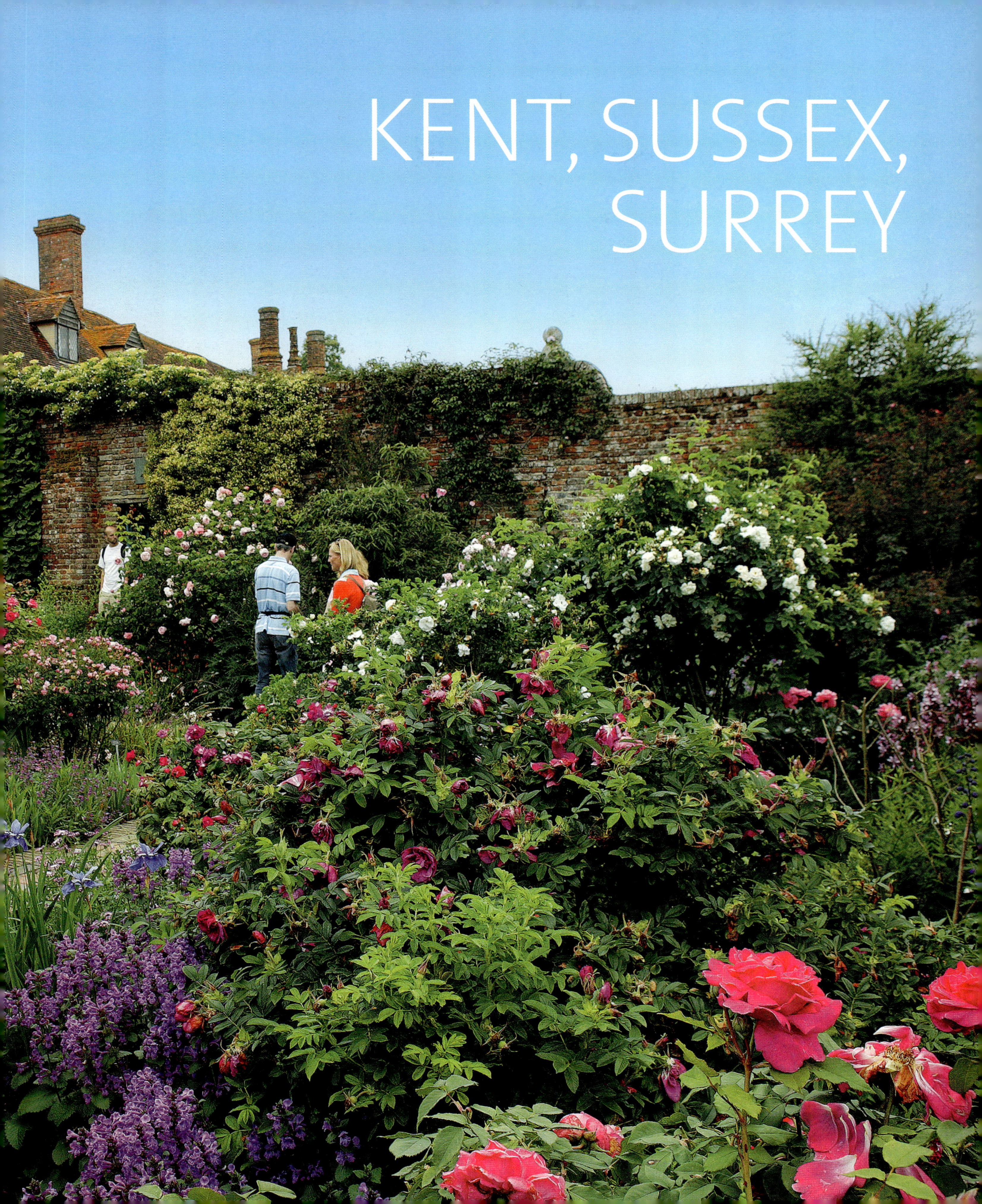

Im 16. Jahrhundert war Sandwich bekannt für sein Webkunsthandwerk, zahlreiche Fachwerkhäuser der Hugenotten im Altstadtkern erinnern an die Geschichte der Weber (oben). In den nahe gelegenen wunderbaren Goodnestone Park Gardens reichen der ummauerte Garten und das Arboretum bis ins 17. Jahrhundert zurück (rechte Seite).

1 Sandwich – malerisches Mittelalter

Understatement als Zierde

Nördlich von Dover liegt in der flachen Küstenlandschaft Kents ein kleiner Ort mit großer Vergangenheit. Sandwich mit seinen rund 5000 Einwohnern hat sich seinen mittelalterlichen Charme bewahrt. Gepaart mit eleganter Bescheidenheit, findet man hier beschauliche Kleinstadtatmosphäre und großartige Zeugnisse der Geschichte, denn Sandwich war einst der wichtigste Hafen Englands.

Schon der Name macht Appetit. Dabei ist das leckere Sandwich beileibe nicht das Einzige, wodurch das Städtchen am River Stour bekannt wurde. Eine bewegte Geschichte hat so viele Spuren hinterlassen, da sind John Montagu (1718 bis 1792), der 4. Earl of Sandwich, und seine »Erfindung« nur eine Randnotiz. Die sich allerdings bis heute auf der ganzen Welt verbreitet hat: Ein Sandwich als kleiner Imbiss zwischendurch gibt es beinahe überall. Selbst eine Inselgruppe, die Südlichen Sandwich-Inseln, wurde nach dem Earl benannt, der zweifelsfrei ein fanatischer Cribbage-Spieler war. Das im 17. Jahrhundert in England entstandene Kartenspiel soll den guten John 1762 derart an den Spieltisch gefesselt haben, dass er keine Zeit hatte, zu speisen. So ließ er sich ein zwischen zwei Brotscheiben eingezwicktes Stück Fleisch bringen, und das Sandwich war geboren. Ob er auch das Spiel gewonnen hat, ist nicht überliefert. Wie auch immer, auf einer Bank an der Flusspromenade lässt sich stilvoll ein Sandwich aus Sandwich genießen und dabei den sanft dahinschaukelnden Booten auf dem River Stour zusehen.

Maritime Vergangenheit

Diese wiederum erinnern an die Zeit, als der Ort durch die Versandung des Hafens noch nicht drei Kilometer vom Meer entfernt lag. Ob Sachsen, Normannen oder Dänen, hier in Sandwich betraten alle Seefahrer, Pilger, Invasoren oder Kaufleute erstmals englischen Boden. Denn Sandwich wurde von dem vorletzten angelsächsischen König, Eduard dem Bekenner (1004–1066), zu einem der fünf Häfen auserkoren, die unter dem Namen »Cinque Ports« in die Geschichte eingegangen sind. Diese erhielten besondere Rechte und Privilegien, im Gegenzug mussten sie zum Schutz der englischen Küste fertig ausgerüstete und jederzeit angriffstüchtige Schiffe bereitstellen. Das stellte praktisch den Beginn der englischen Flotte dar, die später die Weltmeere eroberte. Durch die hübsche Zugbrücke über den Stour hätte sie aber bestimmt nicht gepasst.

Fachwerkhäuser und Wallanlagen

Sandwich kann außerdem auf eine große Tradition als bedeutendes Handelszentrum des Mittelalters zurückblicken. So findet man noch heute große Teile der Stadtmauer, errichtet 1385 auf Geheiß Richards II. Oder die *butts*, ein Übungsplatz für die Bogenschützen Heinrichs V., die von hier aus im Jahr 1415 in See stachen, um während des Hundertjährigen Kriegs den berühmten Sieg von Agincourt gegen die Heere Karls VI. zu erringen. In den Kopfsteinpflastergassen und der King Street fallen etliche Fachwerkhäuser auf, von holländischen und flämischen Protestanten errichtet, die vor der spanischen Unterdrückung geflohen waren. Nicht zuletzt ist die Guildhall aus dem 16. Jahrhundert ein besonderes Schmuckstück, der historische Gerichtssaal, die Wappen und Banner werden gehegt und gepflegt. Das gilt auch für das Anwesen The Salutation und die Secret Gardens of Sandwich, direkt am Quay gelegen. Der 1912 fertiggestellte Landsitz wurde vom berühmten Architekten Sir Edwin Lutjens und der kongenialen Landschaftsarchitektin Gertrude Jekyll entworfen und kann heute wieder besichtigt werden. Sandwich und Understatement? Natürlich, wo sonst gibt es einen Delikatessenladen namens No Name Shop in der No Name Street?

HOTELEMPFEHLUNG: The Bell Hotel, They Quay, Sandwich, Kent CT13 9EF, Tel. +44/(0)1304-613388, www.bellhotelsandwich.co.uk

JANE SCHWEBT VORBEI

Wer diese Park- und Gartenanlagen betritt, verlangsamt seinen Schritt, schaltet das Mobiltelefon aus und befindet sich in einer anderen Welt. Das klingt pathetisch, die Wirkung der *Goodnestone Park Gardens* zwischen Wingham und Chillenden aber ist für alle Besucher sogleich spürbar: Hier kann die Seele zur Ruhe kommen, zumindest für eine Weile. Auf rund vier Hektar breitet sich eine Anlage aus, die von der Terrasse des Herrenhauses in eine sanft geschwungene Landschaft übergeht. In früheren Zeiten nutzte die Schriftstellerin Jane Austen, deren Bruder eine Tochter des Hauses geheiratet hatte, die imposante Lindenallee für ihre Spaziergänge. Wer Glück hat, trifft Angehörige der Familie Fitzwalter in den von alten Mauern aus dem 17. Jahrhundert umgebenen Ziergärten und erfährt bei einer Tasse Tee charmante Anekdoten aus der Familiengeschichte. Goodnestone Park Gardens, Nr. Wingham, Canterbury, Kent CT3 1PL, Tel. +44/(0)1304-840107, www.goodnestoneparkgardens.co.uk

WEITERE INFORMATIONEN

Sandwich Tourist Information Centre, Guildhall, Cattle Market, Sandwich, Kent CT13 9AH, Tel. +44/(0)1304-617197, www.sandwichtowncouncil.gov.uk
Websites: www.whitecliffscountry.org.uk
www.the-secretgardens.co.uk

Das Canterbury Christ Church Gate und die Tore zur Kathedrale sind mit Statuen von Heiligen und Würdenträgern verziert (oben). Im Inneren findet man Grabmäler der Erzbischöfe und des Schwarzen Prinzen (unten). Auch der beeindruckende Chor ist ein Meisterwerk der Architekten Wilhelm von Sens und Wilhelm dem Engländer (rechte Seite).

2 Canterbury – Kultur und Glauben

Von Pilgern und Märtyrern

Die Unesco-Weltkulturerbestadt Canterbury ist nicht nur das bedeutendste Zentrum der Grafschaft Kent, mit ihrer Kathedrale, den Klöstern und Pilgerstätten ist sie noch heute ein europäischer Mittelpunkt der Spiritualität und des geistigen Lebens. Mittelalterliches Flair umgeben die Altstadt genauso wie jugendliche Modernität und ein hohes Maß an Aufgeschlossenheit und Toleranz.

Wenn der British Pullman in den Bahnhof von Canterbury West einrollt, schwinden schnell alle königlichen Gefühle. Recht nüchtern empfängt den Genusspilger der Neuzeit die mittelalterliche Kleinstadt 70 Kilometer südwestlich von London, manch eine der älteren Ladies und Gentlemen fühlt sich in die wirren Zeiten des Geoffrey Chaucer und seiner *Canterbury Tales* zurückversetzt. Man scheint sich wieder dem herrschaftlichen Ambiente der schmucken Pullman-Waggons zuwenden zu wollen, mit denen man in gemütlicher Fahrt der hektischen Metropole London entflohen ist.
Zu frisch noch die Erinnerung an das sanft schaukelnde Gleiten auf den Schienen, die flache, grüne Landschaft mit den Getreidefeldern, den kleinen Flüssen und Seen, ab und zu unterbrochen nur von Hopfendarren und Rugbyfeldern. An die dezent-freundliche Aufmerksamkeit, mit der das Servicepersonal die Zuggäste verwöhnte. Zur Begrüßung wurde Champagner gereicht, ein Pullman Cuvée, sehr trocken natürlich. Auch die Speisen konnten sie sich schmecken lassen: Ob Lachs oder Salatkreationen, Früchtesorbet oder Teegebäck, alles vom Feinsten. Vielleicht wurde auch nur der rote Teppich auf dem Bahnsteig vergessen, das kann ja einmal passieren. Immerhin aber war die moderne Pilgerreise nach Canterbury bisher weit angenehmer als zu Chaucers Zeiten, brauchte man sich doch nicht mit störrischen Eseln, empfindsamen Nonnen oder trinkfesten Ablasshändlern herumzuschlagen. So lassen sich dann doch alle auf das Erlebnis Canterbury ein und haben es nicht bereut.

Mord in der Kathedrale

Der Höhepunkt eines jeden Canterbury-Besuchs ist die Besichtigung der Kathedrale. Eingebettet in eine mittelalterlich anmutende Altstadt, zählt sie zu den kunsthistorisch bedeutendsten sakralen Bauwerken Europas. Die Kathedrale von Canterbury ist nicht nur eine Wiege des Christentums, sie ist auch die Mutterkirche des anglikanischen Glaubens. Darüber hinaus gilt sie auf Grund ihrer beein-

Canterbury verbreitet viel mittelalterlichen Charme. Eine Bootstour auf dem River Stour (oben) ist ein besonderes Vergnügen, dabei passiert man historische Weberhäuser (unten). Anschließend besucht man das West Gate Tower Museum (rechts oben). Leib und Seele werden von der Kathedrale und in den Restaurants zusammengehalten (rechte Seite).

druckenden Architektur als die schönste Kathedrale Englands. Zusammen mit der St. Augustine's Abbey und der St. Martin's Church gehört sie zu Canterburys UNESCO-Weltkulturerbestätten. Seit mehr als vierzehnhundert Jahren ist die Kathedrale ein Ort der täglichen Verehrung Gottes und Pilgerstätte zugleich. Im Jahre 597 n. Chr. bekehrten römische Missionare den König von Kent zum Christentum. Der damalige Missionsleiter Augustinus wurde zum Erzbischof geweiht und sein Sitz in Canterbury errichtet. Der normannische Erzbischof Langfranc legte um 1070 den Grundstein für eine zunächst romanische Kirche, die heutige architektonische Vielfalt ist Spiegelbild ihrer Geschichte seit dem 11. Jahrhundert. Neben Tudor-Elementen wie dem Christ-Church-Tor findet man in den Westtürmen und dem Langhaus spätgotischen Perpendikularstil und romanisch-normannischen Stil im St.-Anselm-Turm. Die romanische Krypta und der Kreuzgang strahlen erhabene Ruhe aus. Schweigend steht man auch in der Kathedrale vor dem Ort einer Bluttat, die Thomas Becket zum Heiligen und Märtyrer machte. Becket, einst Kanzler und Freund Heinrichs II., wollte nach seiner Ernennung zum Erzbischof von Canterbury ausschließlich dem Ruhm und der Freiheit der Kirche dienen, nicht dem König. Vier Ritter setzten in dessen Auftrag 1170 Beckets Leben ein Ende. Drei eiserne Schwertspitzen zeigen auf den Ort der Bluttat.

Handfeste Abenteuergeschichten

Raubeinig, derb und frivol ging es wohl auch auf den mittelalterlichen Wallfahrten nach Canterbury zu, so einzigartig

beschrieben in den *Canterbury Tales* des Londoner Dichters Geoffrey Chaucer (um 1343–1400), des in England meistgelesenen Autors seiner Zeit. Sein größtes Verdienst war die Weiterentwicklung des Mittelenglischen zu einer anerkannten Literatursprache Europas. Heute kann man in der St. Margaret's Street eine audiovisuelle Show erleben, die alle Figuren der *Canterbury Tales* auferstehen lässt. Der Rundgang durch dieses Chaucer-Spektakel ist nicht nur humorvoll gestaltet, sondern zeigt auch authentisch das pralle Leben des Mittelalters mit all seinen täglichen Fallen und Unwägbarkeiten. Dazu passt dann perfekt eine *Historic River Tour* auf dem Stour-Fluss, der sich mitten durch die Altstadt schlängelt. Vorbei geht es in kleinen Ruderbooten an der Franziskaner-Kloster-Insel mit einer Kapelle aus dem 13. Jahrhundert, der King's Bridge und der Dominikaner-Abtei, einem alten Weberhaus aus dem 15. Jahrhundert und der Königlichen Mühle. In »Tiny Tim's Tearoom« erholt man sich bei *Cream Tea and Scone* schnell von dem Geschaukel.

Stadtgeschichte mit Teddybären

In den mittelalterlichen Gassen tummeln sich Minne- und Straßensänger, Touristen und Marktgänger, Pilger und Poeten, drängeln vorbei an hübschen Fachwerkhäusern und heimeligen Pubs. Die besonders große Vielfalt an sehenswerten Museen macht die Auswahl schwer. Das Museum of Canterbury in der Stour Street präsentiert anschaulich die Stadtgeschichte von den Römern bis zum Zweiten Weltkrieg. Auch eine Dampfeisenbahn von George Stephenson ist zu bewundern, die 1830 von Canterbury nach Whitstable schnaufte. Und für Teddybärenfans eine Sammlung zu Rupert Bear, einer berühmten Kinderbuchfigur, zu der es auch eine Fernsehserie gibt. Die Musik zu den englischen Originalfolgen stammt von Paul McCartney, einem großen Verehrer des Teddybären. Doch damit nicht genug. Ein Römisches Museum, die West Gate Towers aus dem 14. Jahrhundert und die Royal Museum & Art Gallery zeigen hochwertige Exponate zur Zeit- und Kunstgeschichte. Neben der Kathedrale gehören zwei weitere Sakralbauten und ihre Überreste zum Weltkulturerbe. St. Augustine's Abbey ist nur noch in Grundmauern erhalten, das Kloster wurde 598 vom heiligen Augustinus gegründet und war für Jahrhunderte eine der bedeutendsten Benediktinerabteien Europas. Hier wurden vier angelsächsische Könige von Kent, Erzbischöfe sowie der heilige Augustinus begraben. Auch die kleine St. Martin's Church hat große Bedeutung. Sie ist nicht nur die älteste Kirche der Insel, hier wurde König Ethelbert von Kent im Jahr 597 von Augustinus getauft. Auf dem Friedhof findet man das Grab von Mary Tourtel, der Schöpferin von Rupert Bear.

HOTELEMPFEHLUNG: Canterbury Cathedral Lodge, The Precincts, Canterbury, Kent CT1 2EH, Tel. +44/(0)1227-865350, www.canterburycathedrallodge.org

VOM FELD AUF DEN TISCH

Pilgern macht hungrig und durstig. In einem ehemaligen Eisenbahngebäude, in dem Kohle für die Stadt gelagert wurde, ist heute der einzige täglich geöffnete Bauernmarkt in Kent untergebracht. Im Goods Shed verkaufen die örtlichen Farmer nicht nur frisches Obst, Gemüse, Fleisch, Käse und Backwaren, neben den Ständen wurde auch ein Restaurant eingerichtet, das zweimal täglich die Menükarte wechselt, um den frischesten Produkten Platz auf den Tellern zu machen. Die einstige Eisenbahnhalle wurde geschmackvoll restauriert, die Speisen sind exzellent und die Preise fair. The Goods Shed, Station Rd. West, St. Dunstan's, Canterbury, CT2 8AN, Tel. +44/(0)1227-459153, www.thegoodsshed.co.uk

WEITERE INFORMATIONEN ZU CANTERBURY

Canterbury Visitor Centre,
18 High Street, CT1 2RA,
Tel. +44/(0)1227-378100,
www.canterbury.co.uk
Websites:
www.canterburytales.org.uk
www.canterbury-cathedral.org
www.canterburyrivertours.co.uk
www.visitkent.co.uk

Rochester Castle bewacht noch heute die Mündung des Medway (oben). Von seinem Turm aus genießt man einen herrlichen Rundblick, der auch die Kathedrale umfasst. Rochester Cathedral beeindruckt mit einem Chorgestühl aus dem 13. Jahrhundert (unten), während sich die High Street (rechte Seite unten) für das Sweeps Festival (rechts oben) schmückt.

3 Rochester – Perle am Medway River

Die Lieblingsstadt des Charles Dickens

Ein geeigneter Ausgangspunkt für die Erkundung einiger der schönen Küstenorte Kents ist der Fluss Medway. Das Mündungsgebiet ist bekannt für die historische Schiffswerft in Chatham, für Dickens World und die Verbindung des Autors mit der Stadt Rochester. Eine Reise nach Rochester mit ihren geschichtsträchtigen Attraktionen ist ein unvergessliches Erlebnis.

Charles Dickens (1812–1870), unbestritten Englands größter Romancier, verbrachte seinen Lebensabend ab dem Jahr 1856 in seiner Lieblingsstadt Rochester. Viele Gebäude und Orte haben ihn inspiriert, selbst seine letzten Zeilen galten Rochester. Am Tage vor seinem Tod arbeitete er noch an seinem Roman *Das Geheimnis des Edwin Drood*: »Ein wunderschöner Morgen brach in der alten Stadt an. Ihre Altertümer und Ruinen sind unübertrefflich schön, mit dem urwüchsigen Efeu, der in der Sonne schimmert, und den stämmigen Bäumen, die sich in der balsamweichen Luft wiegen.«

Gebäude mit Geschichte

Im Guildhall-Museum von Rochester erlebt man eine faszinierende Zeitreise durch die bewegte lokale Geschichte. Das Rathaus, in dem sich das Museum befindet, wurde im 17. Jahrhundert erbaut und gehört zu den schönsten in Kent. Natürlich gibt es einen *Dickens Discovery Room*, in dem das Leben und Wirken des viktorianischen Schriftstellers sowie seine Epoche präsentiert werden. Aber das ist bei Weitem nicht alles. Die Sammlung beinhaltet Münzen, landwirtschaftliche Geräte, Glasgeschirr, Schiffszubehör, wissenschaftliche Instrumente und alltägliche Haushaltswaren. Im rekonstruierten Kerker erfährt man, unter welchen Bedingungen die Gefangenen im 18. Jahrhundert lebten und wie viel Leid sie ertragen mussten. In der Hight Street befindet sich die Rochester Cathedral, die oft – weil wenig bekannt – als Kents am besten gehütetes Geheimnis bezeichnet wird. Und das, obwohl sie die zweitälteste Kathedrale des Landes ist, gegründet im Jahr 604 n.Chr. Das heute sichtbare Gotteshaus, mit dem prächtigen normannischen Hauptschiff und einer der schönsten romanischen Fassaden Englands, wurde im Jahr 1080 errichtet. Verpassen sollte man auf keinen Fall die Gärten der Kathedrale – eine unerwartete Oase der Ruhe im Herzen der Stadt mit einer prächtigen *Magnolia grandiflora* und der wundervollen Aussicht auf den ehemaligen Kräutergarten des ursprünglichen Klosters.

Die imposante Burg in Rochester, im Auftrag von Wilhelm dem Eroberer errichtet, gilt es natürlich ebenso zu besichtigen. Die normannische Wehranlage besitzt mit dem 37 Meter hohen Bergfried den höchsten in ganz England. Und ein Spaziergang durch Rochester auf den Spuren von Charles Dickens lässt die Charaktere und Schauplätze seiner Romane auferstehen, so zum Beispiel im *Six Poor Travellers House* oder im Dickens' Chalet in der High Street.

Kreuzritter und Königsflotte

Auf der anderen Seite des Medway wartet ein weiteres architektonisches Juwel. Das im 13. Jahrhundert erbaute Rittergut Temple Manor in Strood gewährt einen Einblick in die Welt der mittelalterlichen Tempelritter, die das Gut als Herberge auf ihren Kreuzzügen ins Heilige Land nutzten.

Etwas weiter flussabwärts stößt man auf Upnor Castle. Die am Medway gelegene Burg liegt vor dem Hintergrund eines malerischen Dorfs und strahlt heute Ruhe und Frieden aus. Das war nicht immer so. Königin Elisabeth I. ließ die Festung 1559 errichten, um die Kriegsschiffe, die im Medway vor Anker lagen, vor feindlichen Angriffen zu schützen. Gute Idee, leider mit schrecklichen Folgen: Bei einem Angriff der niederländischen Flotte im Jahr 1667 wurde ein Großteil der königlichen Schiffe erobert oder zerstört.

Ob man sich nur ein wenig die bekannten Sehenswürdigkeiten anschaut oder sich etwas tiefer in ihre Geschichten vertieft, in Rochester und seiner Umgebung findet man immer wieder neue Schätze, die noch lange in der Erinnerung weiterleben. Wie Charles Dickens, dessen 200. Geburtstag 2012 auch in Rochester groß gefeiert wurde.

DER SCHORNSTEIN RAUCHT

Rochester kann sich das ganze Jahr hindurch auf einen attraktiven Veranstaltungskalender verlassen. Das Dickens-Festival im Frühjahr und das Weihnachtsfest wie zu Zeiten des Schriftstellers sind da nur einige der Höhepunkte. Ein ganz besonders buntes Vergnügen ist das seit 1981 wiederbelebte *Sweeps Festival*, das an die harte Arbeit der Schornsteinfeger vor 400 Jahren erinnert. Damals wurden zum Fegen noch Kinder in die Schornsteine hinabgelassen, eine Praxis, die 1868 mit dem *Climbing Boys'Act* verboten wurde. Das Fest sollte ein wenig Abwechslung und Freude in das entbehrungsreiche Leben der Kinder und Schornsteinfegerfamilien bringen. Heute lockt es wieder Tausende von Besuchern nach Rochester, wenn Anfang Mai das *Sweeps Festival* mit großen Straßenparaden, traditionellen Tänzen, Gesängen und Konzerten gefeiert wird. Rochester Sweeps Festival, www.visitkent.co.uk/events

WEITERE INFORMATIONEN

Visitor Information Centre, 95 High Street, Rochester, Kent, ME1 1LX, Tel. +44/(0)1634-338141, www.visitmedway.org
Websites: www.rochestercathedral.org
www.thedockyard.co.uk

Wie aus einem Märchenbuch entnommen, thront Leeds Castle (rechte Seite unten) vor den Augen der Besucher. Der Bankettsaal Heinrichs VIII. besitzt eine prächtige Holzdecke (oben), und die Bibliothek (unten) umfasst über 3000 Bände. Ein Erlebnis für Jung und Alt gleichermaßen ist die Dickens World in Chatham (rechte Seite oben).

4 Leeds Castle – mit Prunk und Prominenz

Das Schloss der Ladies

In Kent gibt es mehr Burgen, Schlösser und Herrenhäuser als in jeder anderen Grafschaft des Landes. Im Herzen Kents, dort wo sich die Landschaft mit sanften Hügelketten, waldigen Tälern, fruchtbaren Obstgärten und Weinbergen von ihrer sanften Seite zeigt, findet man mit Leeds Castle eine zauberhafte Schlossanlage, die sich majestätisch aus einem Wassergraben erhebt.

Es soll Engländer geben, die für Schlösser und Burgen nicht viel übrig haben, dafür umso mehr für Hunde. Das an sich wäre keiner weiteren Erwähnung wert, wenn es unter jenen Zeitgenossen nicht eine ansehnliche Zahl gäbe, die es sich nicht nehmen lässt, das Bilderbuchschloss Leeds Castle zu besuchen. Nicht, weil die Lebensgefährtin zufrieden gestellt werden soll. Auch nicht, weil die zahlreichen schwarzen Schwäne, die auf dem das Schloss umgebenden künstlichen See gemütlich dahingleiten, eine perfekte Jagdkulisse für den eigenen Vierbeiner abgäben. Nein, für diese Schlossromantik-Verweigerer ist Leeds Castle ein Highlight, weil es dort unter anderem die größte öffentliche Sammlung von Hundehalsbändern in England gibt. Kostbare Stücke aus den letzten fünf Jahrhunderten, von martialischen Exemplaren für große Jagdhunde früherer Tage bis zu filigranen Stücken für die Edelrassen unserer Zeit.

Dabei hat es Leeds Castle natürlich gar nicht nötig, um Aufmerksamkeit zu bellen. Eingehüllt in zarten Dunst, in Geheimnisse, Intrigen und Legenden, ragt die Anlage an den Ufern des Sees auf wie ein Märchenschloss vergangener Zeiten.

Refugium für königliche Damen

Schon im Mittelalter verzauberte Leeds Castle vor allem die Ladies der Herrscher, war Lieblingsschloss der Eleonore von Kastilien, Gemahlin Eduards I. Auch die Witwe Heinrichs V., Katharina von Valois, hat sich hier am wohlsten gefühlt. Nicht zu vergessen Katharina von Aragon, die erste der Gemahlinnen Heinrichs VIII. Jener verwandelte Leeds Castle in einen regelrechten Palast, der 300 Jahre lang königliche Residenz blieb. Erbaut wurde es im Jahre 1119 von Robert de Crevecoeur, Nachkomme eines der Lehnsherren von Wilhelm dem Eroberer. In den Besitz des Königshauses ging es 1278 über, als Teil der Witwenerbschaft der Königin von England. So wurde es über 150 Jahre von mehreren Königinnen bewohnt. Neben den bereits erwähnten residierten in Leeds Castle auch Margarethe sowie Isa-

bella von Frankreich, Anna von Böhmen und Johanna von Navarra. In der Tudorzeit war Heinrich VIII. mehrfach zu Gast, machte hier mit seinem gesamten Hofstaat 1520 Station, als er auf dem Weg war zum Treffen mit dem französischen König Franz I. auf dem *Field of the Cloth of Gold*, einem Feld außerhalb Calais', später so benannt wegen der zahlreichen prunkvollen Zelte, die die Monarchen errichten ließen.

Vom Privatbesitz zur Stiftung

Im Jahr 1552 überließ Heinrichs Sohn, König Eduard VI., einem der Höflinge seines Vaters als Dank für geleistete Dienste Leeds Castle. Seither befand das Schloss sich in Privatbesitz, wurde als Gefängnis, Garnison und Genesungsheim genutzt und diente als Heim der Familien Culpeper, Fairfax und Wykeham Martin. Die letzte Privateigentümerin, Lady Baillie, Tochter eines englischen Lords, erwarb es 1926, renovierte es von Grund auf, füllte es mit Antiquitäten und Kunstwerken und gab rauschende Feste. Errol Flynn, Noel Coward, Douglas Fairbanks, David Niven waren in den Dreißiger- und Vierzigerjahren hier zu Gast, auch Luciano Pavarotti und Sir Cliff Richard gaben sich die Ehre. Kurz vor ihrem Tod 1974 überführte Lady Baillie ihr Schloss und die gesamten Ländereien in die gemeinnützige *Leeds Castle Foundation*. Nach ihren Wünschen wird es als lebendiges Haus geführt, wenn jemand also eine ansprechende Hochzeit, eine Konferenz oder ein Bankett abhalten möchte, Leeds Castle öffnet die Tore. Wer dafür dann seine Portokasse doch ein wenig überstrapaziert hat, streift durch die 200 Hektar großen Parks und Wälder mit den wunderbaren Kastanien- und Buchenhainen und fragt sich, was Heinrich wohl gemacht hätte, wenn ihm das Geld ausgegangen wäre.

EBENEZER UND DIE ANDEREN

Wann und wo auch immer man den Spuren Charles Dickens folgt, gibt es viel zu entdecken. Im Jahre 2012 wurde überall der 200. Geburtstag des großen Schriftstellers mit zahlreichen Events und Aktivitäten gefeiert, besonders natürlich auch in Chatham. Dort gibt es seit 2007 das Erlebniszentrum Dickens World – Charles verbrachte hier den größten Teil seiner Kindheit. Die Besucher werden mitgenommen auf eine multimediale Reise durch die Romanwelt und die damaligen Lebensumstände des berühmten Autors. Die unsterblichen Figuren seiner Werke wie Ebenezer Scrooge, Oliver Twist, David Copperfield und Mr. Pickwick werden zum Leben erweckt, mit Theateraufführungen, Filmen, einer Bootsfahrt durch die düsteren Kanäle Londons und originalgetreu nachgebildeten Stadtvierteln. Dickens World, Leviathan Way, Chatham Maritime, Kent ME4 4LL, Tel. +44/(0)844-8586656, www.dickensworld.co.uk

WEITERE INFORMATIONEN

Leeds Castle, Maidstone, Kent ME17 1PL, Tel. +44/(0)1622-765400,
www.leeds-castle.com
www.leeds-castle.com/accommodation
www.visitmaidstone.com
www.kentlife.org.uk

5 Downe und der große Charles Darwin

Orchideen im Tal der Schmetterlinge

Im Jahr 2009 feierte die Welt Charles Darwin (1809–1882), der mit seiner Evolutionstheorie und dem Buch *Über die Entstehung der Arten* wie kein anderer den christlichen Kulturkreis verändert hat. Der 200. Geburtstag und der 150. Jahrestag des Erscheinens seines Hauptwerks haben auch im kleinen Dorf Downe und in Darwins *Down House* Spuren hinterlassen.

Wer sich mit Charles Darwin beschäftigt, lernt schnell, dass jedes noch so unbedeutend erscheinende Detail Aufmerksamkeit verdient. Also gleich vorneweg: Das 25 Kilometer südöstlich von London gelegene Dörfchen Downe schreibt sich mit einem »e« am Ende, das am Ortsrand liegende Anwesen, in dem Charles Darwin die meiste Zeit seines Lebens verbrachte, heißt Down und verzichtet auf den abschließenden Selbstlaut. Denn Charles Darwin nannte es selbst liebevoll-ironisch sein *Down House*. Hier hat er mit seiner Familie über 40 Jahre lang bis zu seinem Tod gelebt. Hier entstand der Großteil seines berühmten Werks *On the Origin of Species by Means of Natural Selection*, das die viktorianische Welt schockierte und unser wissenschaftliches Denken bis heute beeinflusst.

Landsitz als Laboratorium

Die schöne, aber keineswegs protzig daherkommende Villa mit den weitläufigen Nutz- und Ziergärten war glückliches Zuhause für Darwin, seine Frau Emma, ihre zehn Kinder, Bedienstete und zahlreiche Haus- und Wildtiere. Darwin nutzte den Landsitz als offenes Labor für seine Studien und Forschungen, aus denen die Evolutionstheorie hervorging. Im besten Sinne restauriert und verwaltet wird es heute von der *English Heritage*. Die gemeinnützige Organisation hat aus *Down House* eine Gedenk- und Erlebnisstätte höchster Güte gemacht. Hier wirkt nichts aufgesetzt, keine Effekthascherei lenkt die Aufmerksamkeit ab. Ob Darwins Arbeits- oder Wohnzimmer, Bibliothek oder Billardraum, alles wirkt so authentisch und lebensnah, als käme der ältere Herr mit dem langen weißen Bart und den verständnisvollen Augen gleich herein, nehme Platz und bringe mit seiner Feder einige Notizen zu Papier über einen Käfer, der gerade auf seinen Kartoffeln herumspaziert ist. Auf seinem *Thinking Path* kann man noch heute die Gärten und Felder um *Down House* erkunden und seine ganz persönlichen »Denk-Wege« zur Entwicklung allen Lebens finden.

Down House (oben) wurde von Charles Darwin im Laufe der Zeit um das Doppelte vergrößert und in eine viktorianische Villa verwandelt, im Gewächshaus werden noch heute seltene Orchideen gezüchtet. In seinem Studierzimmer (rechte Seite unten) schrieb, experimentierte und arbeitete Darwin täglich.

Am Ende der Welt

Darwin, der mit der »HMS Beagle« von 1831 bis 1836 die Welt umsegelte und erforschte, gewann erstaunlicherweise die wichtigsten Erkenntnisse durch Studien und Experimente im heimischen Garten in Kent. Er kam 1842 nach Downe auf der Suche nach einem ländlichen Ruheort als Gegenpol zum hektischen London und war sofort verzaubert von der Landschaft. Obwohl gar nicht so weit von der Metropole entfernt, erschien ihm *Down House* »am extremen Rand der Welt« zu liegen. Vom Mobiliar, den Ausstellungsstücken, von alten Fotografien und Manuskripten bis zu interaktiven Videosequenzen und Filmen über die »Beagle«-Expeditionsreise – das gesamte Areal ist zum Mittelpunkt des Interesses aller Darwin-Liebhaber und Forscher geworden. Und das zu Recht, denn selten ist eine Gesamtpräsentation eines der größten Naturforscher der Geschichte so gelungen wie hier in Downe im *Down House*.

Orchideen und Schmetterlinge

Nach einer Erfrischung im angegliederten *Tearoom* mit organisch vor Ort produzierten Obstsäften und leckeren Kuchen kann man sich noch weitere Plätze in der Umgebung ansehen, die Darwin Freude bereitet haben. Viel frische Luft gibt es auf Darwins Fußspuren im Downe Valley, im Naturpark High Elms, in Keston und Holwood. Und als Abschluss durchstreift man Downe Bank im Cudham Tal. Die Darwins liebten dieses Fleckchen Erde, nannten es *Orchids Bank*, weil man hier seltene Orchideen, Vögel und Schmetterlinge beobachten kann.

HERZENSWÄRME IN LENHAM

Hund und Bär hört sich an wie Katze und Maus. Ein Versteckspiel auf Leben und Tod braucht man im Dog & Bear Pub in Lenham allerdings nicht zu fürchten. Sehr freundlich empfangen Brian und Anne Hogg ihre Gäste, wie es Tradition ist in einem Gasthaus, dessen Anfänge auf das Jahr 1602 zurückreichen. Queen Anne besuchte das Haus 1704, noch heute prangt ihr Wappen über der Eingangstür. Stilvoll sind die Zimmer eingerichtet, abwechslungsreiche Menüs und ein Pub, in dem die berühmten Kent-Biere wie *Bishops Finger, Spitfire* oder *Heart Warmer* aus Englands ältester Brauerei Shepherd Neame ausgeschenkt werden, warten auf die Wanderer. Das Dog & Bear ist ein idealer Standort, um Leeds Castle, *Down House* oder die Kent Downs zu erkunden, mit oder ohne Hund.

The Dog & Bear Hotel, The Square, Lenham, Kent ME17 2PG, Tel. +44/(0)1622-858219, www.dogandbearlenham.co.uk www.shepherdneame.co.uk

WEITERE INFORMATIONEN

Down House, Downe Village, Kent BR6 7JT, Tel. +44/(0)1689-859119, www.english-heritage.org.uk/downhouse
Websites: www.kentwildlifetrust.org.uk www.darwinslandscape.co.uk

Ein Picknick in den Gartenanlagen von Hever Castle (rechte Seite unten) gehört heute zum guten Ton, einen wütenden Heinrich VIII. braucht man nicht mehr zu fürchten. Zu den Attraktionen des Schlosses zählen ein Italienischer Garten (oben), über 4000 Rosenarten, Renaissance-Skulpturen und kunstvoll geformte Hecken am Wassergraben (unten).

6 Hever Castle – tragische Anne Boleyn

Märchenschloss voller Romantik und Magie

Die Burg Hever Castle bei Edenbridge war die Heimstätte der Boleyn-Familie und der romantischste Grund für Heinrich VIII., regelmäßig die Grafschaft Kent zu besuchen. Der König verliebte sich in Anne Boleyn 1526, das Tudor-Schloss, umgeben von einem Wassergraben und wunderbaren Gärten, bietet noch heute die idyllische Kulisse für eine Reise in die Zeit der Könige, Ritter und Herzensdamen.

Anne Boleyn, 1501 oder 1507 geboren – darüber streiten die Historiker –, verbrachte ihre Kindheit in Hever Castle, einer Burganlage aus dem 13. Jahrhundert, die von einem Wassergraben und einem großen See umgeben ist und eine wahrhaft magische Ausstrahlung besitzt. Anne Boleyn wurde als zweite Frau Heinrichs VIII. 1533 zur Königin von England gekrönt. Sie bekamen eine Tochter, die spätere Königin Elisabeth I. Doch ein Sohn war ihr nicht vergönnt, ein Umstand, der ihr tragisches Schicksal besiegelte. Viele Gegenstände in Hever Castle erinnern an die Romanze mit König Heinrich VIII.: Annes Schlafzimmer, Gemälde, Wandteppiche und Nachbildungen der kunstvollen Türschlösser Heinrichs VIII., die er auf Reisen mit sich führte, um sein Schlafgemach vor unliebsamen Eindringlingen zu schützen. Auch eine Uhr, die er Anne zur Hochzeit schenkte, ist ausgestellt. Hever Castle besitzt darüber hinaus die größte Tudor-Porträtsammlung außerhalb der National Portrait Gallery. Tief bewegend ist das Stundenbuch mit der Inschrift Annes, das sie wahrscheinlich fest umklammerte, als sie 1536 die Stufen zur Exekution im Tower of London hinaufschritt: »Erinnert euch an mich, wenn ihr betet. Dass die Hoffnung trägt von Tag zu Tag. Anne Boleyn.« Heinrich nahm nach dem Tod von Annes Vater, Sir Thomas Boleyn, Hever Castle in Besitz und übergab es nach seiner Scheidung 1540 an seine vierte Frau Anna von Kleve.

Festival mit Königsrittern

In seinen Schlössern und Palästen umgab sich Heinrichs VIII. mit einem noch nie da gewesenen Glanz. Er besaß allein über 800 wertvollste Teppiche und mehr als 70 Gobelins, die seinen Status und seinen Reichtum widerspiegeln sollten. Ein besonders schönes Exemplar ist in der *Dining Hall* zu sehen, hergestellt von flämischen Webern, ein weiterer prachtvoller Gobelin stammt aus dem wallonischen Tournai, in dem damals hochwertige Wandteppiche hergestellt wurden. Die edlen Stücke wurden zur Reinigung übri-

gens mit Brotkrumen eingerieben und abgebürstet. Im Sommer überfallen nicht nur die Heerscharen von Besuchern das Schloss, auch die *Knights of Royal England* kehren zurück, um ihre Geschicklichkeit und ihren Mut in Turnierkämpfen zu messen. Im *Hog Roast and Ale Tent* genießt man Schwein am Spieß und kräftiges Bier, singt mit den Spielmännern und wagt einen verstohlenen Blick auf die bezaubernden Hofdamen. Kinder toben auf dem Abenteuerspielplatz, ältere Damen und Herren bevorzugen einen Ausflug über den See mit den traditionellen Ruderbooten, und die Ladies zerren ihre Gatten in den *Castle Shop*, um genau jene rosarote Azalee zu erwerben, die sie schon immer gesucht haben.

W. W. Astor und die Gärten

Kent mit seiner beeindruckenden Anzahl an bedeutenden Schlössern und Burgen macht es einem nicht leicht, die treffende Auswahl zu finden. Hever Castle, unabhängig von den persönlichen Vorlieben, sollte auf jeden Fall dabei sein. Allein schon wegen der spektakulären und preisgekrönten Gärten. Mit seinem Rosengarten, der italienischen Anlage und den Tudor-Gärten, dem romantischen, 15 Hektar großen See, den imposanten Eiben und dem einzigartigen Wasserirrgarten ist es auch für Gartenenthusiasten eine Reise wert. Die gesamte Anlage, so wie man sie heute sieht, ist dem Nachkommen deutscher Emigranten aus Walldorf bei Heidelberg, dem Amerikaner William Waldorf Astor, zu verdanken, der 1903 das Schloss und die Ländereien erwarb und sie vor dem Verfall bewahrte. Der Besitzer der *Times* und der Waldorf-Astoria-Hotels renovierte das Schloss und legte See, Park, Gärten und ein ganzes Tudor-Dorf an.

RADTOUR NACH PENSHURST

Der regionale Fahrradweg Nummer 12 bietet eine fast verkehrsfreie Radtour durch die schöne Landschaft im Herzen Kents. Er führt entlang dem Fluss Medway zum imposanten Penshurst Place and Gardens. Heinrich VIII. residierte hier mehrmals während seiner Liaison mit Anne Boleyn. Seit 1552 im Besitz der Sidney-Familie, wird das Anwesen heute vom direkten Nachkommen des Viscount De L'Isle geführt. In Penshurst gelangt man zu den Wurzeln gartenbaulicher Traditionen aus Elisabethanischer Zeit. Die viereinhalb Hektar große, formal gestaltete, ummauerte Gartenanlage wird schon in Aufzeichnungen aus dem Jahr 1346 erwähnt. Die spätmittelalterliche, fast zwanzig Meter hohe *Baron's Hall* ist ein Meisterwerk der englischen Zimmermannskunst und macht Penshurst zu einem der bedeutendsten Landsitze Südenglands. Zahlreiche Sommer- und Gartenfeste sind Attraktionen für Jung und Alt. Penshurst Place & Gardens, Penshurst, Tonbridge, Kent TN11 8DG, Tel. +44/(0)1892-870307, www.penshurstplace.com

WEITERE INFORMATIONEN

Hever Castle, Hever, Nr. Edenbridge, Kent TN8 7NG, Tel. +44/(0)1732-865224, www.hevercastle.co.uk

Websites: www.kentattractions.co.uk www.visitmaidstone.com

Royal Tunbridge Wells gehörte ab dem 17. Jahrhundert zu den beliebten Kurbädern, dank des Heilwassers der Chalybeate-Quelle, das heute noch in historischen Kostümen gereicht wird (oben). Viele Boutiquen (unten) an der Promenade The Pantiles (rechte Seite unten) laden zum Flanieren, Einkaufen und stilvollem Logieren (rechts oben) ein.

7 Royal Tunbridge Wells und die Quellen der Freude

Oh welch feines Wässerchen …

Die Entdeckung einer Heilquelle bringt meistens nicht nur gesundheitlichen Segen, sondern auch materiellen Wohlstand. Ein gutes Beispiel dafür ist Royal Tunbridge Wells, das sich in die sanft hügelige Landschaft des High Weald an der Westgrenze Kents zu Sussex einschmiegt. In georgianischer Zeit war dies der angesagteste Kurort für die englische High Society.

Ein junger Edelmann namens Dudley Lord North entdeckte 1606 in der bis dahin eher verlassenen Gegend die *Chalybeate Spring*. Er befand sich auf dem Rückweg Richtung London, nachdem er ein paar Tage auf dem Abergavenny-Landsitz in Eridge verbracht hatte. Ferien waren auch in damaliger Zeit manchmal anstrengend, üppige Mahlzeiten, offizielle Feste, Trinkgelage und amouröse Abenteuer konnten einem zusetzen.
Recht angeschlagen trabte Dudley also Richtung London, für die unberührte Schönheit der Wälder des Weald hatte er keinen Sinn. Bis er plötzlich eine Quelle entdeckte, die rein und kühl dem Boden entsprang. Das eisenhaltige Wasser muss ihm so gut getan haben, dass er sich sofort wie neugeboren fühlte. Er erzählte seinen adligen Freunden von der wundersamen Heilwirkung, und in kürzester Zeit wurde der Ort auf die Landkarte der Reichen und Schönen als neues Kurzentrum gesetzt.
Der Ruf als Heilbad für allerlei Zipperlein verbreitete sich rasend schnell, aus ganz England strömten sie nun gen Tunbridge Wells, um ihre Gesundheit zu fördern.

Ladies und Gentlemen

Sie kamen, um vom Heilwässerchen zu kosten, zu sehen und gesehen zu werden: Queen Henrietta Maria gab 1629 mit ihrem Besuch den Startschuss für einen Boom, der zu einer regen Stadtentwicklung beitrug. Queen Anne und Prinzessin Viktoria, die spätere Königin von England, auch die Schriftsteller Samuel Pepys, William Makepeace Thackeray und Edward Morgan Forster huldigten zumindest eine Zeit lang dem neuen Jahrmarkt der Eitelkeiten. Nicht fehlen durfte auch der berühmteste Dandy seiner Zeit, Beau Nash aus Bath. Jenen hatte man 1740 angelockt, war er doch der bedeutendste Wellness-Papst seiner Zeit, dessen ästhetisches Urteil außer Zweifel stand.
Es war allerdings König Edward VII. im Jahr 1909 vorbehalten, die Auszeichnung »Royal« dem Städtenamen voranzustellen. Liebhaber der schönen Dinge kön-

nen sich noch heute an einem Glas Heilwasser erfreuen, stilecht versteht sich, serviert von einer kostümierten Dame mit Spitzenhäubchen, die das Wässerchen mitten in der Altstadt aus der noch immer sprudelnden Quelle schöpft.

Shoppen, flanieren und beten

Natürlich kann man sich auch anderweitig verwöhnen lassen, mit einer Hollywood-Wachsbehandlung etwa im eleganten »The Spa Hotel«. Noch heute strahlt die 60000 Einwohner zählende Stadt eine vornehme Exklusivität aus. Man betrachtet die Welt und den Lauf der Dinge von einem der schicken Cafés der Altstadt aus, die sich um die Pantiles ausbreitet. Diese 200 Meter lange Kolonnadenallee aus dem 17. Jahrhundert mit ihren auf zwei Ebenen aufgereihten Häuserzeilen und den malerischen Fassaden, den Arkaden, historischen Geschäften und Modeboutiquen, ist die älteste Fußgängerzone Englands überhaupt. Und wer ein historisches Möbelstück sucht, sollte bei den 30 Antiquitätenläden fündig werden. Ein Juweliergeschäft, das die Königsfamilie beliefert, fehlt natürlich auch nicht.

Im Tunbridge-Wells-Museum bewundert man die berühmte *Tunbridge Ware*, fein gearbeitete Holzschachteln, die zu den ersten englischen Souvenirs gehörten. Wer nach dem Royal Victoria Shopping Centre dann höheren Beistand braucht, ist in der Church of King Charles The Martyr gut aufgehoben, die erhabene Stille erwartet den Besucher bezeichnenderweise am Ende der Konsummeile *The Pantiles*. Geben Sie bitte der Dame im Spitzenhäubchen für das frisch geschöpfte Wässerchen ein Trinkgeld, auch das gehört seit über 400 Jahren zum guten Ton.

SCHLAFEN WIE DIE PRINZESSINNEN

Wer in Tunbridge Wells edle Dinge einkauft, die das Leben schöner machen, oder ganz einfach den Jungbrunnen der Chalybeate-Quelle gekostet hat, möchte auch ein angenehmes Kopfkissen finden, das die Nacht mit sanften Träumen versüßt. Bezahlbar soll es sein und dennoch etwas Esprit versprühen. Das »Hotel du Vin« liegt nicht nur zentrumsnah, sondern bietet auch jene lässige Eleganz, die genau richtig ist für eine Wohlfühlnacht in historischer Umgebung. Das georgianische Gebäude hat im Laufe der Jahre viele Royals beherbergt: Prinzessin Amelia, Tochter von George II., war ebenso zu Gast wie Prinzessin Victoria, die als junge Dame hier regelmäßig einkehrte, bevor sie 1837 den Thron bestieg. Ein ausgezeichnetes Bistro, ein schattiger Garten und eine Weinkarte, die selbst Kenner schwindlig werden lässt – so verwandelt sich in Tunbridge Wells gesundes Wasser in königlichen Wein.
Hotel du Vin & Bistro, Crescent Road, Tunbridge Wells, Kent TN1 2LY, Tel. +44/(0)8447489266, www.hotelduvin.com

WEITER INFORMATIONEN

Tourist Information Centre, Unit 2, The Corn Exchange, The Pantiles, Royal Tunbridge Wells, Kent TN2 5TE, Tel. +44(0)18 92-515675, www.visittunbridgewells.com
Websites: www.tunbridgewellsmuseum.org

Die Schriftstellerin Vita Sackville-West richtete sich im Turm von Sissinghurst ein Arbeitszimmer ein (rechte Seite unten), von dort aus konnte sie ihre ganze Gartenanlage überblicken. Die von einer Klematis geschützte Bank-Ecke (oben) und das Cottage (unten), in dem Sir Harold Nicolson seinen Studien nachging, sind Oasen der Ruhe.

8 Sissinghurst Castle Garden und die Gärten der Schriftsteller

Große Gartenkunst in Kent

Eine Grafschaft, die als »Garten Englands« bezeichnet wird, sollte auch besonders schöne Gärten vorweisen können. Und in der Tat, einige der über 180 Gärten Kents sind weltberühmt. Ganz oben auf der Liste steht Sissinghurst Castle Garden bei Cranbrook. Eine überwältigende Farbenpracht, verführerische Düfte und grüne Räume verschmelzen zu einem Gesamtkunstwerk.

Es gibt nur wenige Gärten auf der Welt, die ein so großes Spektrum an unterschiedlichen Strömungen der Gartenarchitektur abdecken, dabei aber nicht in Effekthascherei verfallen. Die Gärten von Sissinghurst treffen beinahe jeden Geschmack, bieten Raum für unterschiedliche Stimmungen während des Jahres und bedienen vielfältige gärtnerische Interessen. Sie erscheinen mit großer Geste, dann wieder verspielt, sind historisch und modern zugleich, zeigen exotische Elemente genauso wie formale Linienführungen und bieten eine Menge innovativer Aus- und Ansichten. Selbst wer sie mehrmals besucht hat, entdeckt immer wieder neue Details, bezaubernde Blumen- und Staudenkombinationen mit eleganten Farbabstufungen; spaziert durch den berühmten »Weißen Garten«, der zu einer Ikone der Gartenbaukunst geworden ist, bewundert im Rosengarten die alten Buschrosensorten, die einen betörenden Duft verbreiten und spürt die kreative Kraft der Gartendesigner. Die Schriftstellerin Vita Sackville-West (1892–1962) und ihr Ehemann, der Historiker, Diplomat und Autor Sir Harold Nicolson (1886 bis 1968), haben hier ein blühendes Paradies geschaffen, wie es kein zweites gibt. Man sollte zurückhaltend sein mit Superlativen, doch nicht ohne Grund rühmen manche Briten Sissinghurst als den »schönsten Garten Englands«.

Romantische Gartenräume

Das Künstler-Ehepaar führte ein unkonventionelles Leben. Vita, Tochter einer englischen Hochadelsfamilie, wuchs in Schloss Knole in Kent auf, schrieb Erzählungen, Gedichte, Reiseliteratur, Biografien und Romane. Bekannt wurde sie mit einer wöchentlichen Gartenkolumne im *Observer*, für die sie von der *Royal Horticultural Society* später ausgezeichnet wurde. Im Jahr 1913 heiratete Vita ihren Harold, sie bekamen zwei Söhne. Doch beide tolerierten die gleichgeschlechtlichen Neigungen des anderen, ohne den Respekt voreinander zu verlieren. So pflegte Vita eine Liebesbeziehung zu Virginia Woolf, am 22. Februar 1939

schrieb sie an Virginia: »Mein Gott, wie erfüllt das Leben ist …Viele Hektar Farmland und ein neues Gedicht in einem großen Buch mit Schreibpapier – was kann man mehr vom Leben verlangen?«

Anmut und Eleganz

Bereits 1930 kaufte das Ehepaar das Anwesen rund um den imposanten Turm; von dem Schloss aus elisabethanischer Zeit war allerdings nur noch wenig vorhanden. Auch die 160 Hektar Farm- und Waldland waren vernachlässigt. Zwei Jahre vergingen, bis man einziehen und sich der Gartengestaltung widmen konnte. Gemüse-, Obst- und Kräutergärten wurden angelegt, ein Burggraben begrenzt die Gärten nach Norden und Osten, eine Nussbaumanlage und ein Lindenweg nach Süden. Rosengarten, Turmgebäude und der Weiße Garten bilden seine Westgrenze. Im Innern finden sich Gartenräume mit unterschiedlichem Charakter und Gebäude wie das Cottage, das Priesterhaus oder die Bibliothek. »Eine Folge von Abgeschiedenheiten« nannte es Harold Nicolson vielsagend. Rund 150 Jahre zuvor hatte der englische Landschaftsgarten Europa erobert, mit den Gärten von Sissinghurst entstand ein neuer Typus, eine romantische Kreation aus Anmut und Eleganz, formaler Strenge und gleichzeitigem Überfluss an Formen und Farben.

LIEBE ZU ÄPFELN UND TRAUBEN

Der englische Weinanbau erlebt in den letzten Jahren einen beeindruckenden Aufschwung. Westlich von Tenterden wird die hügelige Landschaft etwas bergiger, gute Bedingungen, um nicht nur Obst, sondern auch Wein zu kultivieren. Die Biddenden Vineyards, die ältesten Weinberge von Kent, zeigen eindringlich, dass auch in Südengland ausgezeichnete Trauben reifen können. Ein Besuch des neun Hektar großen Biddenden-Weinguts lohnt sich, denn hier kann man kostenlos ausgezeichnete englische Weine, Apfelweine und -säfte probieren, die keinen Vergleich zu scheuen brauchen. Seit 1969 baut die Familie Barnes hier neben Äpfeln auch Reben an, über die Hälfte davon sind Ortega-Trauben, die einen bereits mehrfach prämierten fruchtig-trockenen Wein hervorbringen, der selbst Kenner mit seiner Eleganz überrascht. Biddenden Vineyards, Gribble Bridge Lane, Biddenden, Kent TN27 8DF, Tel. +44/(0)1580-291726, www.biddendenvineyards.com

WEITERE INFORMATIONEN

Sissinghurst Castle Garden,
nahe Cranbrook, Kent TN17 2AB,
Tel. +44/(0)1580-710700,
www.nationaltrust.org.uk/sissinghurst
Websites: www.rhs.org.uk
www.cranbrook.org

Brighton gehört zu den klassischen südenglischen Seebädern, hat aber nichts an Attraktivität verloren. Ob man sich die Zeit vertreibt am berühmten Brighton Pier (rechte Seite), der fast 600 Meter ins Meer hinausragt, den waghalsigen Skateboardern (unten) zuschaut oder leckere Schalentiere (oben) verkostet, in Brighton lässt es sich leben.

9 Brighton – stylishes Seebad

Englische Tradition und Moderne

Zwischen dem idyllischen Hügelland der South Downs und dem Ärmelkanal liegt Brighton, ein typisch englisches, traditionelles Seebad, das durch seine gute Verkehrsanbindung derzeit wieder ein Hoch erlebt. Im Auf und Ab seiner Geschichte hat es sich zwei Dinge immer bewahrt: unbändige, unkonventionelle Lebensfreude und facettenreiche Kulturereignisse.

Brighton ist Großbritanniens beliebteste Stadt am Meer, behaupten einige Meinungsforscher. Auch in der Regierungsumfrage »You Gov 2006« wurde Brighton zur coolsten Destination in Großbritannien gewählt. Man sollte ja bekanntlich keiner Statistik oder Befragung trauen, die man nicht selbst »interpretiert« hat, also nichts wie hin und persönlich nachgeprüft. Denn Brighton ist äußerst verkehrsgünstig gelegen. Man erreicht die Küstenstadt in weniger als einer Stunde von London aus mit dem Schnellzug und in nur einer halben Stunde vom internationalen Flughafen Gatwick. Und jeder stellt dann erstaunt fest, dass gelegentlich sogar die Ergebnisse von offiziellen Regierungsumfragen ein getreues Bild der Realität widerspiegeln: Dem Besucher präsentiert Brighton eine bunt gefächerte Mischung aus Bohemien-Flair und moderner Kunst, ein breites Angebot an kulturellen Veranstaltungen und Events, Museen, Galerien, Theatern und attraktiven Einkaufsstraßen. Der lang gestreckte Kieselsteinstrand bietet Einheimischen wie Besuchern eine große Auswahl an Sportmöglichkeiten jeder Couleur: Schwimmen, Surfen, Segeln oder Beach-Volleyball gehören zum Alltagsbild. Mit seinen rund 135 000 Einwohnern, zählt man das benachbarte Hove hinzu, sind es sogar rund 260 000, begrüßt Brighton jedes Jahr über acht Millionen Touristen. Drei Kinos, zehn Theater, fünf Casinos, dreißig Clubs und Hunderte von Pubs und Bars ziehen die Vergnügenssuchenden an. Die Stadt vitalisiert und inspiriert wie kaum eine andere, zu jeder Jahreszeit.

Extravagante Architektur

Ob man Klassik oder Komödien mag, moderne Architektur schätzt oder majestätische Prunkbauten liebt, Brighton scheint alle Stilrichtungen angezogen zu haben wie das Licht die Motten. Eines der Wahrzeichen der Stadt stammt aus dem 18. Jahrhundert, als Brighton als Seebad immer populärer wurde. Von der zwanglosen Atmosphäre der Stadt angezogen, beauftragte der lebenslustige

BRIGHTON PIER
HOBBYCRAFTS
CARICATURES
MOO MOO'S
SHELLFISH
FREE! ADMISSION & DECKCHAIRS

Brighton zieht die Jugend an, neben der Musik- gibt es eine lebendige Modeszene (Mitte, rechte Seite oben) und bunte Häuserzeilen (oben). Das alte Fischerviertel The Lanes (oben rechts) und das Fishing Museum (unten) zeugen von der lokalen Fischereitradition. Der *Royal Pavilion* (rechte Seite unten) mutet dagegen wie indische Träumerei an.

Prinzregent und spätere König George IV. zunächst den Architekten Henry Holland, eine neoklassizistische Villa, seinen Meerpavillon, zu bauen. Ab dem Jahr 1802 wurden die Räume im chinesischen Stil ausgestattet, von 1815 bis 1822 übertrug er dem damaligen Stararchitekten John Nash die Aufgabe, einen Palast wie aus einem Märchen zu konstruieren.
Nash ließ seiner Fantasie beim *Royal Pavilion* freien Lauf und gab dem Bauwerk das Äußere eines indischen Palastes mit Kuppeln, Minaretten und Bogengängen, so wie er heute noch zu sehen ist. Sein Erscheinungsbild kommt einem noch immer vor wie eine Fata Morgana: Bin ich hier wirklich in Südengland? George IV. regierte bis 1830, sein Bruder und Thronfolger Wilhelm IV. nutzte den *Royal Pavilion* ebenfalls als königliche Residenz. Erst die Nichte der beiden, Königin Victoria, fand Brighton viel zu laut und überlaufen und verkaufte das »Lustschloss« 1850 an die Stadt, unmöbliert, versteht sich. Seither wurde der größte Teil der ursprünglichen Raumausstattung wieder herbeigeschafft und das Gebäude mit vielen Millionen Pfund restauriert.
Der verkehrsberuhigte Stadtteil The Lanes mit seinen engen Gassen bildete einst den Ortskern des ehemaligen Fischerdorfs Brighthelmstone. Heute ist das Viertel eine besondere Shoppingadresse. Neben vielen Restaurants und Pubs sind hier auch zahlreiche Antiquitäten- und Juweliergeschäfte zu finden. Brightons Architektur wird vor allem durch den spätklassizistischen *Regency Style* geprägt. Den größten Einfluss hatten die Architekten Amon Wilds, sein Sohn Amon Henry und Charles Busby, die zahlreiche Häuser am Meer gestalteten. Rund um den Regency

Square bekommt man diesen Baustil mit seinen charakteristischen gusseisernen Balkonen zu sehen.
Einen modernen Kontrast dazu bildet das New England Quarter. Dieses Wohnviertel wurde nach ökologischen Prinzipien erbaut und ein Drittel der Wohnfläche für Familien mit niedrigem Einkommen reserviert. Auch an moderner Architektur hat Brighton viel zu bieten. Die im Frühjahr 2005 eingeweihte Jubilee Library mit ihrer beeindruckenden Glasfront konnte wenige Monate nach ihrer Eröffnung bereits Auszeichnungen für ihre ökologische Bauweise entgegennehmen. Ein weiteres architektonisches Highlight, das man nicht versäumen sollte, ist der Embassy Court, ein beeindruckendes Art-déco-Gebäude des Architekten Wells Coates an der Seepromenade, in das die ersten Bewohner 1936 einzogen und das gerade umfassend renoviert wurde.

Ein Meer an Kunst und Kultur

Auch Liebhaber der Gegenwartskunst haben in der südenglischen Stadt einiges zu entdecken. Zeitgenössisches findet man zum Beispiel in der Fabrica in der Duke Street, eine Galerie in einer ehemaligen Regency-Kirche. Brighton besitzt darüber hinaus eine lebendige Theaterkultur, darunter das 200 Jahre alte Theatre Royal, in dem regelmäßig West-End-Stücke und Musicals aufgeführt werden, sowie das Dome-Theatre mit Shows, Pop- und Klassikkonzerten. Über 700 Shows im Jahr von Comedy bis Kabarett bietet die Brighton Komedia, die großen Superstars trifft man im Brighton Centre, Jazz- oder Hiphop-Freunde können sich von Auftritten im Joogleberry Playhouse inspirieren lassen.

Nightlife, Mods und Rocker

Wer dann genug zu hören bekommen hat, stattet Englands ältestem Kino, dem Duke of York's Picturehouse von 1910 einen Besuch ab und schwelgt in nostalgischen Bildern. Und am Brighton Pier weht der Wind einem den Kopf wieder frei für die weniger kunstvollen Dinge des Alltags.
Das traditionsreiche Seebad ist heutzutage wieder in, ein beachtlicher Teil der Londoner Szene trifft sich regelmäßig in Brighton, dem *London-by-the-Sea*, zum Abfeiern. Noch eine Statistik, nicht interpretierbar: Keine andere englische Stadt hat mehr Dancing Clubs pro Einwohner als Brighton. Alles klar? In den letzten Jahren haben mehr als ein Dutzend neue Bars, Clubs und Discotheken eröffnet. Die typische Pub-Atmosphäre lässt sich im »The Cricketers« entdecken, Brightons ältestem Pub. Ungewöhnlich gemütlich ist auch das »The Font«. Der Pub ist eine umgebaute Nonkonformisten-Kirche, in der man heute in bequemen Ledersesseln seine Getränkeorder tätigt, ganz ohne Ablasshandel. Der wäre vielleicht 1964 nötig gewesen, als es an der *Brighton Beach* zu einer berühmt-berüchtigten Schlägerei zwischen Jugendbanden der Mods und der Rocker kam. »Wild Ones Invade Seaside – 97 Arrests« lautete die Schlagzeile am nächsten Tag. Diese Zeiten sind zum Glück vorbei.

TRAUMHAFTER TRÖDELMARKT

Nippes, Ramsch, Retro, Secondhand, Trödel, echte Antiquitäten – die Grenzen sind oft fließend, und das macht die Sache nicht nur für Schnäppchenjäger interessant. Ob man sich nun auskennt oder nicht, in Brighton gibt es für alle Liebhaber der schönen gebrauchten Dinge ein »Schnüffler-Paradies«, das es in sich hat. Sucht jemand einen Schnürsenkel in Blau-weißrot, eine chinesische Teetasse mit Kranichmotiv aus dem 19. Jahrhundert oder eine Vinylschallplatte von Cliff Richard, leicht angekratzt natürlich? Im *Snoopers Paradise* findet sich bestimmt etwas für jedermann, zu Preisen von gestern. Der bekannteste Flohmarkt in Südengland ist in einem großen Gebäude im Stadtteil North Laine untergebracht und bietet über 90 Abteilungen mit Sammelsurien zu allen denkbaren Gegenständen, Kleidungsstücken, Schmuck und Spielwaren. Snoopers Paradise, 7/8 Kensington Gardens, Brighton BN1 4AL, Tel. +44/(0)1273-602558, www.northlaine.co.uk/snoopers_paradise

WEITERE INFORMATIONEN

Visitor Information Centre, Royal Pavilion Shop, 4-5 Pavilion Buildings, Brighton, East Sussex BN1 1EE, Tel. +44/(0)1273-290337, www.visitbrighton.com
Websites: www.royalpavilion.org.uk
www.brightonpier.co.uk

10 Rye – Idylle am Ärmelkanal

Im mittelalterlich anmutenden Rye scheint die Zeit stehen geblieben zu sein. Besucher fasziniert die Fachwerkarchitektur (oben), das Quaker House in der Mermaid Street (unten), man gönnt sich ein Getränk in der guten Stube des »Mermaid Inn« (unten rechts) und bewundert die Idylle der schmalen Kopfsteinpflastergassen (rechte Seite).

Der Charme des Mittelalters lebt

Aus der Ebene der Romney Marshes in East Sussex erhebt sich auf einem kleinen Hügel das schmucke Städtchen Rye. Idyllische Gassen und historische Fachwerkhäuser machen Rye zu einem der schönsten Orte an der Südostküste.

Als Mitglied der »Cinque Ports« war Rye schon im Mittelalter etwas Besonderes. Aus fünf mach sieben: Rye und das benachbarte Winchelsea waren die ersten Erweiterungen des im 11. Jahrhundert gegründeten Küstenverteidigungsbunds. Im Jahr 1278 erhielten sie mit der *Royal Charter* besondere Rechte und Pflichten. Die strategische Lage des Hafens und der wehrhafte Charakter des Orts machten Rye zwar mehrfach zum Angriffsziel feindlicher Seemächte, doch selbst eine große Feuersbrunst, die weitgehende Zerstörung durch die Franzosen Ende des 14. Jahrhunderts und die einsetzende Versandung des Hafens konnten Rye auf Dauer nichts anhaben. Rye erfand sich immer wieder neu, war lebendiges Handels-, Fischer- und Schmugglernest und pflegt heute sein historisches Erbe wie keine zweite Kleinstadt mit rund 4500 Einwohnern.

Meerjungfrau und Schmuggler

Die Kopfsteinpflastergassen, die Fachwerkhäuser und die mittelalterliche Idylle bestaunt man am besten vom Turm der St. Mary Church aus, den übrigens die älteste noch funktionierende Turmuhr Englands aus dem Jahr 1560 ziert. Man besichtigt das Rye Castle Museum im Ypres Tower und das Lamb House, den Alterswohnsitz des Schriftstellers Henry James, und darf eins auf keinen Fall versäumen: den Besuch im »Mermaid Inn«. Das Gasthaus war über Jahrhunderte Treffpunkt für Schmuggler und Seeräuber, Mitglieder des Königshauses und Künstler. Von Königin Elizabeth über Prinz Edward bis zu Charlie Chaplin haben viele Prominente in den charmant-historischen Zimmern ihr Haupt gebettet.
www.ryesussex.co.uk

HOTELEMPFEHLUNG: The Mermaid Inn, Mermaid Street, Rye, East Sussex TN31 7EY, Tel. +44/(0)1797-223065, www.mermaidinn.com

2

Das traditionelle »The Counting House« ist ein beliebter Pub im Herzen von Eastbourne (oben), in dem man sich für ausgedehnte Küstenwanderungen zum Beachy Head und den Seven Sisters stärken kann (unten). Am imposanten Eastbourne Pier (rechte Seite unten) und der fünf Kilometer langen Uferpromenade treffen sich Jung und Alt zum Flanieren.

11 Eastbourne – für große und kleine Familien

Do you remember, my dear?

Das beliebte südenglische Seebad Eastbourne ist seit vielen Jahren Anziehungspunkt vor allem für Sprachschüler, Pensionäre und Familienurlauber. Auch als Event-, Festival- und Sportveranstaltungszentrum hat es sich einen Namen gemacht. Und die westlich gelegene Kreidefelsenküste zieht viele Wanderer an. Die Mischung aus jungen und älteren Gästen gelingt dabei erstaunlich gut.

Emily zeigt ihrer Freundin jenen Ort vergangener Tage, der ihr so unvergesslich geblieben ist: »Weißt Du noch, Mary, dort unten, wo die weiße Strandhütte steht, sind wir immer losgelaufen und dann ins Wasser gesprungen.«. Wie so viele schöne Sommerferien mit der Familie am langen Strand von Eastbourne. »Meistens warst du die Erste im Wasser«, blinzelt Mary durch ihre etwas zu groß geratene Sonnenbrille, »aber ich habe es immer länger im Wasser ausgehalten als du.« »Dafür habe ich aber die besseren Jungs abgekriegt.« Nur Jane schweigt, überlässt das Plaudern den anderen beiden, die sich im Versuch, die Namen der Ferienfreunde aufzuzählen, gegenseitig zu übertreffen scheinen. Jane war schon immer etwas zurückhaltender, auch jetzt steht sie ein wenig wehmütig an den Pier gelehnt und schaut verträumt auf das heute so tiefblaue Meer hinaus. »Wir waren jung und unbeschwert«, wirft sie leise in die Runde, »heute haben wir alle graue Haare, sind etwas weiser und kommen noch immer nach Eastbourne. Ist das nicht schön?« Solch ein Gespräch ist nichts Ungewöhnliches am Eastbourne Pier, und solch eine Szene schon gar nicht: Oben auf der Pierpromenade lassen ältere Damen und Herren vergangene Zeiten auferstehen, unten am Strand und im Wasser feiert die Jugend unbeschwert den sonnigen Tag.

Preise über Preise

Auch das hat keinen Seltenheitswert, denn Eastbourne wurde 2010 offiziell zur sonnigsten Stadt im United Kingdom gewählt. Und das ist nur eine von vielen Auszeichnungen. Man ist stolz auf rund fünf Millionen Gäste, die dem Seebad jedes Jahr ihre Aufwartung machen. Deutlich über die Hälfte der Besucher kommt wieder, man ist ja außerdem die ferienfreundlichste Destination. Die Strände wurden von der *Marine Conservation Society* ausgezeichnet, nominiert als bester Picknickplatz im Vereinigten Königreich ist man natürlich auch … wundert es da noch jemanden, dass der angesehene *Daily Telegraph* bei der Wahl der besten

Naturlebensplätze Eastbourne auf den dritten Rang setzte? Selbst der schwer zu begeisternde Reiseschriftsteller Bill Bryson hat einmal seiner Bewunderung freien Lauf gelassen: »Ich bin immer wieder beeindruckt, wie sauber und charmant Eastbourne erscheint. Das herzliche Willkommen und die Gastfreundschaft, die einem hier entgegengebracht werden, bestätigt den fantastischen Ruf Eastbournes als äußerst freundliches Resort.«

Imposanter Pier

Ein feiner, heller Sand- und Kieselstrand, der sich über sieben Kilometer erstreckt, hat schon zu Beginn des 19. Jahrhunderts die Gäste in Scharen angelockt. Mit dem Anschluss an das Eisenbahnnetz 1849 setzt der unaufhaltsame Boom ein, der das einstige Fischerdorf von 2000 auf heute über 90 000 Einwohner hinaufkatapultierte. Vor allem William Cavendish, der 7. Duke of Devonshire, hatte die richtige Vision und baute den Ort zum mondänen Seebad aus. Der 1865 errichtete und gerade frisch renovierte Eastbourne Pier in der Mitte der Uferpromenade, die sich in die Marine Parade Richtung Norden und die südliche Grand Parade erstreckt, ist ein besonderes Schmuckstück. Zumal sich Eastbourne ein gewisses nobles Flair bewahren konnte: Die schicken weißen Häuserzeilen und prachtvollen Hotelbauten werden mehr von Blumenschmuck geziert und dazwischen mit kleinen Gärten verschönert als von Spielhöllen und Fastfood-Ketten verschandelt.
Die imposante Musikhalle, der Wish Tower, die Redoubt-Festungsanlage, das »How We Lived Then«-Museum, das originalgetreu nachgebildete Ladenzeilen aus viktorianischer Zeit bietet, und das Eastbourne Heritage Centre versüßen Jung und Alt die Erholung an der See.

GLANZ IN GLYNDEBOURNE

Der ehrwürdige Landsitz Glyndebourne bei Lewes wird jedes Jahr im Sommer zum Mittelpunkt für Musikliebhaber aus aller Welt. Seit 1934 pilgern Opernfans zum Glyndebourne Opera Festival, an dem die besten Orchester, Dirigenten, Interpreten und Talente auftreten. Alles begann mit John Christie, der für seine singende Gattin einen kleinen Musiktempel für 300 Zuhörer bauen ließ. Das Publikum war von den Aufführungen begeistert, so wuchs das Festival kontinuierlich. Die alte Privatoper wurde 1994 durch einen Neubau ersetzt, der nun 1200 Besuchern Platz bietet. Glyndebourne braucht sich nicht zu verstecken, denn auch gesellschaftlich ist es nicht nur für Englands High Society zu einem besonderen Ereignis geworden. Das wird in den Pausen deutlich, wenn sich Ladies und Gentlemen zu den stilvollen Picknicks im Park des Landsitzes versammeln. Glyndebourne, Lewes, East Sussex BN8 5UU, Tel. +44/(0)1273-81 23 21, www.glyndebourne.com

WEITERE INFORMATIONEN

Eastbourne Tourist Information Centre, Cornfield Road, Eastbourne, East Sussex BN21 4QA, Tel. +44/(0)871-663 00 31, www.visiteastbourne.com
Websites: www.eastbourne.org
www.eastbournemuseums.co.uk

12 Arundel – im Schatten der Festung

Märchenburg am Fluss Arun

Kein Bilderbuch könnte dieses Panorama schöner zeichnen: Das kleine Städtchen Arundel wird von einer malerischen Burganlage bewacht, die direkt dem Mittelalter entsprungen zu sein scheint. Doch das meiste wurde erst Ende des 19. Jahrhunderts errichtet, dafür gibt es in den zahlreichen Kunst- und Antiquitätenläden altes Mobiliar und moderne Kunst in trauter Harmonie.

Inmitten der sanften Hügellandschaft der South Downs taucht ein Städtchen auf, das als perfekte Kulisse jeder Mittelalterverfilmung zur Ehre gereicht: Arundel am River Arun strahlt eine solch in sich geschlossene Harmonie aus, dass einem angst und bange werden kann. Wurde ich gerade in einem Zeitensprung zurück ins 12. oder 13. Jahrhundert katapultiert? Springt hier sogleich eine Horde normannischer Krieger um die Ecke, um mich kurzerhand einen Kopf kürzer zu machen oder ins Burgverlies zu werfen? Werde ich gar auf den Turnierplatz geschleppt und an den Pfahl gebunden, geteert und gevierteilt? Nein, solche Fantasien sind gänzlich unangebracht. In Arundel geht es heute äußerst friedlich zu, selbst die Fortbewegungsmittel auf der großen Freifläche vor Arundel Castle erweisen sich zum Glück als blechgepanzerte Autos und Touristenbusse, die zu keinem mittelalterlichen Ritterturnier anreisen, sondern schlicht und einfach das pittoreske Städtchen samt Burganlage besichtigen wollen. Und abreisen kann man auch, wann immer man will und mit hübschem Tand im Gepäck, denn an den vielen kleinen Souvenirläden rechts und links der High Street und den schicken Galerien und Boutiquen in der Tarrant Street kommt keiner ohne Aderlass vorbei.

Zwei Glaubensrichtungen in einer Kapelle

Ob man nun ein Faible hat für Mittelalterliches oder nicht, spielt in Arundel keine Rolle. Das gesamte Ensemble aus Fachwerkhäusern, Krimskramsläden, hochwertigen Antiquitätenshops, Kunstgalerien und Modeboutiquen von Retro bis Postmodern ist so perfekt in Szene gesetzt, dass aus jedem Ritterromantikverächter ein Verfechter der glorreichen Zeiten von Edelleuten und Freifräulein wird. Dabei sind nur noch das Torhaus der Burg, der Bergfried und die Fitzalan-Kapelle 800 Jahre und älter. Die weitaus größten Teile der imposanten Trutzburg wurden von 1870 bis 1890 errichtet und dienen noch heute Edward, 18. Duke of

Wie für einen Blockbuster inszeniert, thront das neugotische Arundel Castle über dem charmanten Städtchen (oben). Die Privatkapelle dagegen (unten), der heiligen Jungfrau Maria gewidmet, ist der schönste viktorianische Raum des Schlosses. Die 41 Meter lange Baron's Hall schmückt in 16 Metern Höhe eine Eichenholzdecke (rechte Seite unten).

Norfolk, als Herrensitz. Diese Familie gilt über die Jahrhunderte als die bedeutendste in England, die am katholischen Glauben festhielt – auch nachdem Heinrich VIII. Rom den Rücken kehrte. Dabei symbolisiert gerade die von einem wunderschönen ummauerten Garten umgebene Fitzalan-Kapelle die tiefen Gräben jener Zeit: In der Mitte geteilt, dient sie einerseits als anglikanische Pfarrkirche, auf der anderen Seite als katholische Kapelle für die Dukes of Norfolk.

Arundel Castle zählt heute zu den am längsten bewohnten Landsitzen Englands, vom Earl of Arundel, Roger de Montgomery, der die Burg am Weihnachtstag 1067 gründete, bis zum heutigen 18. Duke of Norfolk spiegelt sich die Familiengeschichte der Fitzalans und Howards in den Räumen wider. Großartige Waffen- und Gemäldesammlungen mit Werken von Rubens bis van Dyck, die prachtvolle *Baron's Hall* mit der beeindruckenden Eichendeckenkonstruktion, großzügig angelegte Gärten, auf deren Rasenflächen sich die Familien zum Picknick versammeln – hier wird Geschichte gelebt.

Doch Arundel auf die Burg zu reduzieren, wird dem schicken kleinen Ort nicht gerecht. Das Bummeln über die High Street und durch die schmalen Gassen, die sich den Hügel hinauf schlängeln, macht hier besonders Spaß, denn die Geschäfte bieten ausgesuchte Waren an mit Chic und Stil. Auch die katholische Kathedrale von 1869, vom 15. Duke of Norfolk im Stil der französischen Gotik errichtet, ist einen Besuch wert, ist sie doch seit 1970 Sitz der Diözese von Arundel und Brighton. Hier ruht St. Philip Howard, der 1588 hingerichtet wurde.

MODERNE KUNST IN ARUNDEL

Was bringt einen Buchhalter aus London dazu, in Arundel eine Galerie zu eröffnen? Die pulsierende Metropole London gegen eine hübsch-beschauliche Kleinstadt auf dem Lande einzutauschen? Die Liebe zur Kunst natürlich. Im Mai 2003 zog es James Stewart nach 22 Jahren als Buchhalter gen Süden in die South Downs. Moderne Kunst hat er schon immer gesammelt, jetzt war die Zeit für eine eigene Galerie gekommen. In Arundel hat er sich als Vermittler moderner Kunst einen Namen gemacht, zeigt pro Jahr die Werke von zehn Künstlern, die sich durch Originalität, ein hohes Maß an kunsthandwerklicher Erfahrung und Integrität auszeichnen. Seine Galerie ist zum gefragten Treffpunkt geworden für Londoner, Kunstliebhaber, Künstler und Besucher aus aller Welt. Zimmer Stewart Gallery, 29 Tarrant Street, Arundel, West Sussex BN18 9DG,
Tel. +44(0)1903-882063,
www.zimmerstewart.co.uk

WEITERE INFORMATIONEN

Tourist Information Centre, 61 High Street, Arundel, West Sussex BN 18 9AJ, Tel. +44 (0)1903-882268, www.arundel.org.uk
Websites: www.sussexbythesea.com
www.arundelcastle.org
www.arundelcathedral.org

Englische Wohnkultur lässt sich am besten in Herrenhäusern und Landsitzen studieren. Auch die Gärten (oben) besitzen selbst im Herbst noch reizvolle farbliche Akzente (unten). Das elisabethanische Parham House bei Storrington (rechte Seite unten) kommt in Frühling zur vollen Blüte. Chawton erinnert an Jane Austen (rechte Seite oben).

13 Wohnen mit Stil – Parham House und Petworth House

Englisches Wohnen gestern und heute

In der Grafschaft Sussex liegen zwei der bedeutendsten Herrenhäuser und Landsitze Südenglands, die sich harmonisch in die sanfte Landschaft des South Downs National Park einfügen. Die unterschiedlichen Charaktere von Parham House bei Pulborough und Petworth House in der Nähe der gleichnamigen Ortschaft macht einen Besuch umso attraktiver.

Englische Wohn- und Gartenkultur zeichnen sich durch vielfältige Facetten aus, die im Laufe der Jahrhunderte immer wieder neue Einflüsse aus aller Welt integriert haben. Weitläufige Parkanlagen, Herrenhäuser mit antiken Möbeln, reich bestückten Bibliotheken, Treppenhäuser mit Deckengemälden und Skulpturen, Wohnzimmer mit großen Kaminecken, behagliche Nachtgemächer mit imposanten Himmelbetten, Springbrunnen im Hofgelände, aber auch das kleine Cottage am Rande des ummauerten Rosengartens: Die Symbole für unsere Auffassung vom typisch englischen Wohnstil setzten sich tatsächlich aus britischen, französischen, indischen und asiatischen Einflüssen zusammen und bilden eine Mixtur, deren gemeinsames Charakteristikum die Behaglichkeit ist. Wer möchte hier nicht an einem Herbstabend mit einem Roman von Jane Austen oder Thomas Hardy am Kaminfeuer sitzen, wenn das Eichenholz knistert, einen *Earl Grey Tea* oder einen Portwein schlürfen und die Welt da draußen vergessen?

Stiller Charme mit Eleganz

Es gibt englische Landsitze, die verzaubern den Besucher vom ersten Moment an. Parham House and Gardens ist solch ein nahezu perfektes Beispiel für ein englisches Herrenhaus, das einem ganz warm ums Herz werden lässt. Eingebettet in einen wunderschönen Park mit uraltem Baumbestand, durch den gemächlich das Rotwild zieht, strahlt das elisabethanische Parham House eine tiefe Ruhe und ein freundliches Willkommen aus. Sein Grundstein wurde 1577 gelegt, seither haben nur drei Familien hier gelebt, die Palmers, die Bysshopps und die Pearsons. Die Urgroßeltern der heutigen Besitzerin Lady Emma Barnard, Clive and Alicia Pearson, kauften das Anwesen im Jahr 1922, und bereits seit 1948 steht es der Öffentlichkeit zur Besichtigung zur Verfügung. Das geschah nicht aus finanziellen Gründen, die Familie wollte Schönheit, Anmut und Behaglichkeit auch anderen erlebbar machen. Und das spürt man noch heute. Ob in der *Great Hall*, im Salon, in den verschiedenen

Räumen im Obergeschoss oder in der imposanten, 48 Meter langen *Long Gallery* mit ihren Blattornamenten an der Decke: Nichts wirkt hier aufgesetzt, protzig oder extrovertiert. Ein stiller Charme umgibt auch die Blumen- und Obstgärten, durch die zarter Lavendel- und Rosenduft weht. Im *Tea Room* locken kleine Köstlichkeiten, wie hausgemachte Kuchen und Erfrischungen, und im Shop geschmackvolle Souvenirs. Wie wäre es mit der rosa Herzchenschürze *Domestic Goddess* und der zerzausten Katze mit den diabolisch-grünen Augen?

Mit großer Geste

Prächtig und staatstragend kommt dagegen Petworth House and Park daher, ein großartiges Gebäude und Anwesen aus dem späten 17. Jahrhundert, das in einem von Capability Brown entworfenen Landschaftspark thront. Allein die Dimensionen sind gigantisch, die Gartenfront erstreckt sich über eine Strecke von einhundert Metern. Unter Charles Seymour, dem 6. Duke of Somerset, so erbaut, wie man es heute in weiten Teilen sieht, erhielt es durch Sir George Wyndham (1751–1837), den 3. Earl of Egremont, seine großen bedeutenden Kunstsammlungen. Maler wie John Constable und William Turner lebten eine Zeit lang hier. Neben Werken der flämischen, italienischen und niederländischen Meister kann man auch die größte Turner-Privatsammlung der Welt ansehen. Der berühmte *Carved Room*, die *North Gallery* und natürlich der herrschaftliche *Grand Staircase* beeindrucken jeden Besucher. Auch in den Dienstgebäuden des Personals, in Küchen und Speisekammern ist das viktorianische Zeitalter authentisch zu besichtigen.

JANE AUS HAMPSHIRE

Es gibt Schriftstellerinnen, die man sofort mit einem bestimmten Land in Verbindung bringt. Jane Austen (1775–1817) und ihre Romane wie *Stolz und Vorurteil*, *Emma* und *Mansfield Park* sind Klassiker der Literatur und repräsentieren die Gattung des englischen Gesellschaftsromans. Das Haus ihres Bruders Edward, in dem sie von 1809 bis zu ihrem Tode gelebt hat, ist zur Pilgerstätte geworden. In Chawton, rund 30 Kilometer nordwestlich von Petworth House gelegen, findet man das rote Backsteinhaus samt Museum und Garten. Hier wird die Welt der Jane Austen lebendig, ist auf eindringliche Art und Weise jene Kombination von Empfindsamkeit und gesundem Menschenverstand gegenwärtig, die ihr Leben und Werk geprägt hat. Jane Austen's House Museum, Chawton, Alton, Hampshire GU34 1SD, Tel. +44/(0)1420-83262, www.jane-austens-house-museum.org.uk

WEITERE INFORMATIONEN

Parham House and Gardens, Storrington near Pulborough, West Sussex RH20 4HS, Tel. +44/(0)1903-742021, www.parhaminsussex.co.uk
Petworth House, Petworth, West Sussex GU28 0AE, Tel. +44/(0)1798-342207, www.nationaltrust.org.uk/petworth
Website: www.southdowns.gov.uk

Wer Glanz und Gloria der Königshäuser erleben will, verbunden mit der ein oder anderen Tragödie, besucht am besten Hampton Court. Die Wächter in historischer Uniform (oben) sollten niemanden davon abhalten, die anmutigen Gärten (unten) und die königliche Residenz (rechte Seite) mit ihren Kunstschätzen aus der Tudor-Zeit faszinieren.

14 Erlebnisreiche Stunden im Hampton Court Palace

Glanz und Drama im Königsschloss der Tudor-Zeit

Man liebt sie oder man liebt sie nicht. Man gibt sich *amused* oder ist *not amused*. Eines jedenfalls kann man den britischen Royals nicht absprechen: Sie sorgen für glanzvolle Unterhaltung. Seit 2012, dem Jahr des diamantenen Thronjubiläums Ihrer Majestät Queen Elizabeth II., erstrahlen die *Historic Royal Palaces* in neuem Glanz. Hampton Court ist dafür ein wunderbares Beispiel.

Einem Londonbesuch würde etwas fehlen, wenn man nicht zumindest einen der historischen Königspaläste besucht. Herzergreifende Geschichten warten in Hampton Court, 20 Kilometer südwestlich der Stadt gelegen, auf die Besucher. Auch das älteste Prunkschloss aus der Tudor-Zeit hat seine blutige Fehde erlebt. Hampton Court Palace diente als Rückzugsort der Herrscher, besonders der erste königliche Bewohner, Heinrich VIII., liebte das Schloss sehr. Zum Palast ausgebaut hatte das Anwesen Heinrichs Kanzler, Kardinal Thomas Wolsey. Der fiel 1525 in Ungnade und wurde enteignet. Hampton Court aber nahm der König in seinen Besitz. Später sperrte er dort seine fünfte Gemahlin Katharina Howard wegen angeblichen Ehebruchs ein. Ihr Geist soll noch heute jammernd durch die Galerie der *State Apartments* ziehen.
Das große Sommerfestival im Juni in der Tradition und Kostümierung des 16. und 17. Jahrhunderts mit Monarchen, Adeligen und Pilgern ist jedesmal ein Farben- und Festspektakel besonderer Art. So wie auch die erblühenden Gärten von Hampton Court zu jeder Jahreszeit ihren Reiz besitzen und die am meisten besuchten Gärten Englands sind.

Heinrich und Katharina

Hampton Court ist auch ein Schloss der ruhelosen Frauen. In seiner 500-jährigen Geschichte hat der Palast viele dramatische Ereignisse erlebt, vom Tod Jane Seymours, der dritten Frau von Heinrich VIII., bis zur Verurteilung seiner fünften Frau, Catherine Howard. Die beliebte Gruselgeschichte der Catherine Howard hat der *Haunted Gallery* ihren Namen gegeben. Catherine, des Ehebruchs angeklagt, unter Hausarrest gestellt und in ihre Räume in Hampton Court verbannt, konnte ihren Bewachern entwischen und versuchte, über den Flur zu König Heinrich zu gelangen. Sie wurde jedoch eingeholt und zurück in ihre Gemächer gebracht. Wenig später wurde Catherine im Tower of London exekutiert. Seitdem schwebt ihr Geist immer wieder in der *Haunted Gallery* umher.

In den Gärten von Hampton Court, die Wilhelm III. anlegte, findet man verzierte Trinkbrunnen (oben), Gästeführerinnen in historischen Kostümen (unten) und die barocken Gärten mit dem Banqueting House (rechte Seite unten). Auch der älteste Irrgarten der Welt ist sehr beliebt. In Epsom spielt die Hutmode eine große Rolle (rechte Seite oben).

Den Kopf einziehen muss man in den Staatsgemächern Heinrichs VIII. dennoch nicht. Besonders eindrucksvoll sind die *State Apartments* in der *Great Hall*, in der sich die Tische des Hochzeitsbanketts für Heinrich und Catherine bogen, und die stille Anmut der königlichen Kapelle.

Königliche Küchenarchäologen

Hampton Court Palace bietet Besuchern einen authentischen Einblick in die Arbeit des königlichen Küchenpersonals an Originalschauplätzen. Die Speisearchäologen – sie heißen tatsächlich so – zeigen dabei Beispiele ihrer Forschungen, und beim Schaukochen kann man ihnen über die Schulter blicken. Die Palastküche von Hampton Court Palace ist die besterhaltene Tudor-Küche Großbritanniens und die größte Renaissance-Küche Europas: In den 19 Abteilungen und 55 Räumen der Essensfabrik waren zur Zeit Heinrichs VIII. insgesamt 200 Köche und Hilfskräfte beschäftigt. Denn der Appetit der Höflinge war gewaltig. In einem Jahr kamen über 8200 Schafe, 2300 Stück Wild, 1870 Schweine, 1240 Ochsen, 760 Kälber und 60 Wildschweine auf den Tisch. Dazu wurden 300 Fässer Wein und 1300 Hektoliter Bier konsumiert.
Heute arbeiten dort lediglich zehn Männer, und das ehrenamtlich. Die Arbeit dieser Speisearchäologen ist eine Art experimentelle Archäologie, die sie tief in die Tudor-Welt eintauchen lässt. Regelmäßig treffen sich die Forscher in der Palastküche und bereiten Originalgerichte aus der Tudor-Zeit zu. Authentisch sind dabei nicht nur Ort und Zutaten, sondern auch die Zubereitungstechniken, das Küchengerät und die historische Arbeitskleidung. Wer dann solch ein oft zwölfgängiges Menü mit Fasanenbraten und Hirschkeule in Safransauce aus der Zeit Heinrichs VIII. verspeist hat, dem hilft nur noch ein ausgiebiger Spaziergang an den Ufern der Themse.

Wilhelm und Maria

Die eleganten Gemächer von Wilhelm III. (1650–1702) lassen das prunkvolle Leben des Hofstaats im 17. Jahrhundert auferstehen. In der Gemäldesammlung sind besonders die Van-Dyck-Porträts von Karl I. und seiner Tochter, Prinzessin Maria, herausragend. Auch die Räume von Maria II. (1662–1694) stehen den Gemächern Wilhelms in nichts nach, denn die beiden waren ein Beispiel dafür, dass man in Hampton Court auch miteinander leben konnte, ohne sich gleich umzubringen. Die Heirat 1677 erfolgte zwar aus politischen Gründen, nach der einzigartigen Doppelkrönung in Westminster Abbey im Jahr 1689 regierten aber beide zusammen das Königreich, bis Maria an Pocken starb. In die Zeit ihrer Regentschaft fiel die *Bill of Rights*, die dem Parlament mehr Verantwortung zugestand. Die Räumlichkeiten im Hampton Court Palace verlässt man nicht, ohne die *Wolsey Rooms* mit der Renaissance-Gemäldegalerie gesehen zu haben. Wer will schon einen Brueghel, Holbein, Tizian oder Tintoretto versäumen?
Die Gartenanlagen von Hampton Court Palace repräsentieren 500 Jahre königliche Gartengeschichte und zählen mit 24 Hektar Gartenfläche sowie mehr als 300 Hektar Parkanlagen zu den größten des Landes. Jedes Jahr pflanzen 38 Gärtner 200000 Zwiebeln und ziehen 140000 Pflanzen groß. Im Frühjahr und Sommer

ist der Pond Garden der schönste der ganzen Anlage mit einer bunten Blütenpracht. Heinrich VIII. ließ ihn ursprünglich als Wasserbecken für die Fische anlegen, bevor diese in die Palastküche wanderten. William III. ließ die Teiche auffüllen, landschaftsgärtnerisch gestalten und nutzte sie als Ausstellungsfläche für Königin Marias II. exotische Pflanzensammlung.

Die älteste Rebe der Welt

Häufig trifft man beim Durchstreifen der Gärten von Hampton Court Palace auch Festgesellschaften, denn Heiraten vor königlicher Kulisse wird immer beliebter. Der Palast bietet dazu die komplette Trauungszeremonie mit anschließender Feier *im Little Banquet House* sowie im *Garden Room.* Der beliebteste Platz für das anschließende Hochzeitsfoto ist der Pond Garden mit seiner bunten Blütenpracht. Manchmal fragt man sich allerdings, ob den frisch Vermählten die Geschichte des Orts und die Symbolik so ganz gegenwärtig sind. Aber man kann sich ja durchaus auch in goldenen Käfigen wohl fühlen, wenn genügend Personal und Lustbarkeiten vorhanden sind. Dazu zählen sicher der kilometerlange Eibenirrgarten, 1690 für Wilhelm III. angelegt, und der älteste Weinstock der Welt, 1768 von Capability Brown gepflanzt, der noch immer Jahr für Jahr prächtige, süße, blaue Trauben hervorbringt. Süße Trauben stehen in der volkstümlichen Symbolik vieler Kulturkreise vor allem für Liebe und Geborgenheit. Weiße Trauben versprechen Gewinne, blaue warnen vor Verlusten und irgendeinem nahenden Unglück. Warum wohl hat Capability eine blaue Rebsorte gewählt?

EIN HOCH DEN PFERDEN

Die Pferderennen von Epsom, 25 Kilometer südwestlich von London in der Grafschaft Surrey gelegen, gelten als Musterbeispiel für exklusive Veranstaltungen, die eine besonders illustre Gesellschaft anziehen. Nicht nur, aber vor allem auch zu Derby-Zeiten, trifft sich hier alles, was gut betucht und behütet ist. Selbstverständlich steht der Pferdesport, neben den neuesten Hutkreationen, im Mittelpunkt des Interesses, wenn die Dreijährigen zum 2400 Meter langen Rennen aufgaloppieren. Bereits seit dem 17. Jahrhundert gibt es hier in Epsom Downs Pferderennen, im Jahr 1779 etablierte Edward Smith Stanley, der 12. Earl of Derby, das Galopprennen *The Oaks* für Stuten. Das Epsom Derby findet seit 1780 hier statt. Ein guter Teil des Ruhms hat man eigentlich auch dem Farmer Henry Wicker zu verdanken, der 1618 die Heilwirkung des Wasserlochs entdeckte, aus dem seine Kühe tranken. Epsom Downs Racecourse, Epsom Downs, Surrey KT18 5LQ, Tel. +44/(0)1372-726311, www.epsomdowns.co.uk

WEITERE INFORMATIONEN

Hampton Court Palace, Surrey KT8 9AU, Tel. +44/(0)20-31666000, www.hrp.org.uk
Websites: www.historicroyalpalaces.com
www.visitsurrey.com

Bereits 1863 tuckerte die erste »Tube« durch London, sie ist die älteste Untergrundbahn der Welt. Über 280 Stationen, wie Westminster (oben), und zwölf Linien bringen einen nach Spitalfields (Mitte) oder zur Columbia Road mit ihren Straßenmusikern (unten). Das Wahrzeichen Tower Bridge erlebt man am besten vom Wasser aus (rechte Seite).

LONDON – GANZ GROSSE GEFÜHLE

Ob in der Brick Lane (oben), der Carnaby Street (unten) oder dem Covent Garden Market (rechte Seite unten), in London findet jeder sein Shopping-Paradies. Dabei haben sich die 1971 nach umfangreicher Restaurierung wieder eröffneten Marktgebäude des Covent Garden zum Besuchermagneten entwickelt. Im Zentrum liegt eine große Piazza.

15 Erlebnis Einkauf als Philosophie – Shopping-Metropole London

Kaufhäuser, Krimskrams und coole Klamotten

Englands Hauptstadt hat es im Ranking der beliebtesten Ziele für Städtereisen ziemlich weit nach oben gebracht. Nicht zuletzt auf Grund einer Shopping-Kultur: Alle großen Marken sind hier vertreten, äußerst lebendige Märkte von klassisch bis alternativ und eine inspirierende Boutiquenlandschaft machen London zum Paradies für Einkaufslustige.

Ach ja, was wäre das Leben ohne Konsum? Dieser beruht bekanntlich nicht nur auf einem entsprechend gefüllten Bankkonto, sondern vor allem auch auf verführerischen Märkten, Einkaufspassagen und einem breit gefächerten Warenangebot, das jeden noch so kleinen Trend und jede neue Modeidee mit trägt. In London herrscht daran kein Mangel, denn Shopping gehört zur Alltagskultur. Und die Preise? Reden wir nicht drüber, denn auch hier ist es wie beim Warenangebot: multikulturelle Vielfalt mit allen möglichen Preisspannen. Man kann günstig einkaufen in der Petticoat Lane im East End oder das Konto erzittern lassen in der Bond Street. Eines steht aber fest: Von Harrods bis Selfridges und in den über 40 000 Geschäften gibt es *Sales*, Schlussverkäufe für Schnäppchenjäger, fast immer.

Gib' mir ein C wie Camden

Ob man mit dem Ausflugsboot auf dem Regent's-Kanal oder über die U-Bahn-Station Camden Town das Shopping-Paradies im nördlichen London erreicht, spielt keine Rolle. Die Camden Markets verschlagen einem die Sprache. An Wochenenden ziehen die sechs Märkte rund 120 000 Menschen an, weil es hier alles gibt, was vorstellbar ist. Selbst Designerstars sollen herumstöbern und Anregungen suchen, auch wenn die kreative Modeszene immer mehr dem Kommerz weichen muss. Wer sich nicht gerne in großen Menschenmassen bewegt, sollte allerdings seinen Besuch auf den frühen Morgen legen.

Ein wenig entspannter geht es in Covent Garden zu, denn hier werden überwiegend hochwertigste Erzeugnisse angeboten, die ihren Preis haben. Der einstige Obst- und Gemüsemarkt hat sich zum Touristenmagneten entwickelt und wurde um Kunsthandwerksläden, Antiquitätenshops, Juweliere und Top-Modemarken erweitert. Auch die zahlreichen Restaurants und Gourmetläden finden ihr Publikum, alleine das faszinierende zentrale Marktgebäude aus Glas und Eisen ist den Besuch wert.

Für jene, die individuellere Dinge suchen, ist der Old Spitalfields Market in einer

viktorianischen Halle gleich hinter der Liverpool Street Station ein Begriff. Hier findet man nicht nur günstige Bio-Lebensmittel, sondern auch trendige Klamotten junger Streetware-Designer, einen Laden mit Montezuma's Schokolade und um die Ecke die berühmte Brick Lane, die am Sonntag einen authentischen Multikulti-Markt bietet.

Gib' mir ein O wie Oxford

Der Stadtteil Marylebone, zwischen Hyde und Regent's Park gelegen, lockt die Besucher vor allem mit dem Wachsfigurenkabinett Madame Tussaud's. Die nach Süden abgrenzende Oxford Street glänzt mit über 300 Geschäften, hier ist auch das berühmte Kaufhaus Selfridges zu Hause, das mit Slogans wie »Kauf mich, ich verändere Dein Leben« für Aufsehen sorgte. Es sind außerdem alle großen Marken und Ketten vertreten. Wachsweiche Knie bekommt in der Oxford Street nur derjenige, der wirklich glaubt, er könne seine Gattin alleine stöbern lassen. Für viele London-Fans bietet die Portobello Road in Notting Hill das, was das Retro-Herz sucht. Mit rund eintausend Antiquitätenhändlern ist der Portobello Market der größte dieser Art weltweit. Das Angebot ist hochwertig, die Preise indes sind moderat. Am anderen Ende der Innenstadt, im Bezirk Newham, hat sich die Green Street zu Englands beliebtester Asien-Shopping-Destination gemausert. Von bunten Stoffen über hochkarätigen Schmuck, filigrane Schuhe und wohltuende Schönheitsaccessoires bis zu asiatischer Küche findet man alles, was das Herz begehrt. Besonders die vielen Nationen, die hier vertreten sind, und Besucher aus aller Welt erzeugen hier ein besonderes Shopping-Erlebnis, das man so schnell nicht vergisst.

SIEBEN-STRASSEN-SHOPPING

Moden ändern sich oft halbjährlich, manchmal vierteljährlich, spätestens wenn die neuen Kollektionen über den Laufsteg schweben. Die angesagtesten Shopping-Viertel in London haben eine noch kürzere Halbwertzeit, also ärgern Sie sich nicht, wenn Sie diesen Einkaufstipp vor Ort dann gar nicht mehr so »in« finden. Er wird Ihnen dennoch ans Herz gelegt, denn er hat einen großen Vorteil, sollte er in einem Jahr zu den Oldies gehören: Es gibt genügend *Tearooms*, Cafés und Bars in unmittelbarer Nähe, in denen man seinen Frust bei einer Tasse Lady Grey oder einem Café Nero herunterschlürfen kann. Außerdem haben Sie Ihre Kreditkarte geschont. Genug Ausreden, wer also besondere Designerstücke von mehr oder weniger unabhängigen Boutiquen sucht, ist in Seven Dials zwischen der Shaftesbury Avenue und Covent Garden richtig. Wählen kann man hier unter sieben Einkaufsstraßen, die alle von einer zentralen Sonnenuhr-Säule ausgehen. www.sevendials.co.uk

WEITERE INFORMATIONEN

www.visitlondon.com/attractions/shopping und www.shopanddinelondon.com
Websites: www.camdenlockmarket.com
www.coventgardenlondonuk.com
www.spitalfields.co.uk
www.portobelloroad.co.uk

Zum Neubau der British Library (oben) gehen die Meinungen auseinander, über 20 Millionen Titel finden darin Platz. Darunter die Magna Charta und Shakespeare-Originalausgaben. Das British Museum (unten) ist das wichtigste kulturhistorische Museum des Landes, während Westminster Bridge und Big Ben die Topfotomotive der Touristen sind (rechte Seite).

16 Die schönen Dinge des Lebens – Kulturzentrum London

Kunst, Kirchen und Königsschlösser – alles im Überfluss

London ist eine Kulturmetropole höchsten Ranges, nicht nur in den Stadtteilen West End, Covent Garden oder Shoreditch. London ist darüber hinaus multikulturell, hier werden über 300 Sprachen gesprochen. Ob Inder, Chinesen, Afrikaner oder Einwanderer aus der Karibik, alle tragen zum Schmelztiegel der Kulturen bei. Glanzpunkte sind die großartigen Museen und historischen Königsschlösser.

Londons Kunst- und Kulturschätze sind *so-hip-it-hurts* , um einen Begriff aus der Mode- und Musikszene zu bemühen. Eine passende Beschreibung, denn um alles zu sehen, was es wert ist, gesehen zu werden, brauchte man wohl einige Jahrzehnte. So verlässt der Besucher meistens London mit dem »Eigentlich-hätte-ich-gerne-noch«-Gefühl. Das ist auch ein Grund für den Besucherboom, denn fast alle kommen wieder, weil sie beim nächsten Mal unbedingt das Charles Dickens Museum sehen möchten, ein Konzert der Friendly Fires in der Brixton Academy erleben wollen oder die Dinosaurier im Natural History Museum verpasst haben. Vom Victoria and Albert Museum und der National Portrait Gallery ganz zu schweigen. Das Science Museum, in dem man 300 Jahre Wissenschaftsgeschichte erkunden kann und das London Eye, Europas höchstes Riesenrad am Themse-Ufer, heben wir uns dann für den übernächsten Besuch auf. Oder sollten wir nicht doch noch versuchen, heute Abend Karten zu bekommen für eines der beliebtesten Musicals derzeit? Im Cambridge Theatre läuft doch *Chicago*.

Kunstschätze im Überfluss

Selbst an Malerei weniger interessierte Zeitgenossen haben schon einmal den Namen Tate Gallery gehört. Davon gibt es doch zwei oder drei, nicht wahr? Falsch, vier sind es sogar. Neben der Tate in Liverpool und jener in St. Ives im schönen Cornwall tragen gleich zwei Galerien in London das Tate-Label. Das Original, Tate Britain, bereits 1897 eröffnet, steht an der Millbank-Promenade an der Themse und ist benannt nach seinem Gründer Sir Henry Tate. Heute bekommt man hier eine großartige Gesamtschau britischer Kunst der letzten 500 Jahre mit Werken von Blake, Constable, Gainsborough, Hogarth, Reynolds und Turner. Im Jahr 2001 wurde dann die Tate Modern am Südufer der Themse in einem ehemaligen Elektrizitätswerk eröffnet, eines der bedeutendsten Museen moderner Kunst. Imposant sind nicht nur die Werke von Bacon, Beckmann, Duchamp, Ernst, Gia-

SUPER SOFT ICE

Die Kulturszene ist geprägt von Vielfalt. In der Tate Britain (oben), in Auktionshäusern wie Bonhams (Mitte) und in Kunstliebhabergesprächen (unten) werden die Trends diskutiert. Selbst Kuriositäten wie eine Beatles-Plastik aus Kaugummi (oben rechts) finden ihren Platz. Westminster Abbey und Covent Garden (rechte Seite) nehmen es gelassen.

cometti, Lichtenstein, Monet, Picasso und Warhol, auch die Haupthalle mit 160 Metern Länge und 30 Metern Höhe macht sprachlos. Ein Tempel der Moderne, wie es keinen zweiten gibt. Unverwechselbar ist auch das British Museum, das mit seinem glasüberdachten Innenhof jährlich sechs Millionen Besucher anzieht. Die archäologischen, ethnologischen, griechischen, römischen und ägyptischen Sammlungen bilden zusammen das kulturhistorisch bedeutendste Museum Großbritanniens. Die logische Fortsetzung davon ist die nationale Gemäldegalerie am Trafalgar Square, die alles versammelt, was Rang und Namen hat: Bosch, Constable, Cézanne, Dürer, Friedrich, Goya, Leonardo da Vinci, Michelangelo, Raphael, Rembrandt, Renoir und wie sie alle heißen: Die National Gallery gehört zu einem Londonbesuch einfach dazu.

Kulturgenuss mit Shakespeare

Auch wenn der Name vielleicht mehr verspricht, als er halten kann, The Strand ist noch immer eine wichtige Lebensader Londons. Die aristokratischen Häuser sind allerdings von Bürogebäuden etwas in den Hintergrund gedrängt worden. Doch die Verbindung von Westminster zur City ist lebendig und geschäftig wie eh und je. Im Somerset House, einem beeindruckenden Stadtpalast, und in der Courtauld Gallery blitzt der Glanz dieser Prachtstraße aus früheren Tagen noch hervor.

Das gilt auch für das berühmte Shakespeare's Globe Theatre am Südufer der Themse in Southwark. Hier wird Authentizität gelebt, finden die Vorstellungen bei Tageslicht unter freiem Himmel für 1500 Zuschauer ohne viel Bühnenbild

statt. Das 1599 errichtete Haus brannte 1613 völlig nieder, ironischerweise während des Stückes *Heinrich VIII.* ; es geriet dann ab 1642 in Vergessenheit, als die Puritaner alle Theater schlossen. Erst nach Jahren des Engagements, der Restaurierung und der Rekonstruktion durch den amerikanischen Schauspieler Sam Wanamaker konnte es 1997 wieder eröffnet werden.

In jenem Jahr wurde Paul McCartney von Königin Elisabeth II. im Buckingham Palace zum Ritter geschlagen, noch heute ist es Pflicht für alle Beatles-Fans, zumindest einmal den Zebrastreifen der Abbey Road westlich vom Regent's Park überquert zu haben.

Kirchen mit Geschichte

Auch wer sich nicht besonders intensiv um Sakralarchitektur kümmert, an der Westminister Abbey kommt keiner vorbei, der London gesehen haben will. In dem normannischen Gotteshaus aus dem 11. Jahrhundert fand im Jahr 2011 die glamouröse Hochzeit zwischen Kate Middleton und Prinz William statt, nicht das einzige Top-Event in diesem altehrwürdigen Monument englischer Geschichte. Seitdem Wilhelm der Eroberer hier im Jahr 1066 gekrönt wurde, ist die

Westminster Abbey die Krönungskirche des Landes. Und so wurde auch Elisabeth II. 1953 in dem Gotteshaus die Krone aufgesetzt. Hier findet man die Grabstätten zahlreicher historischer Persönlichkeiten der vergangenen tausend Jahre, etwas im Poet's Corner die der großen Dichter des Landes – von Geoffrey Chaucer über Tennyson bis zu Charles Dickens und viele mehr.
Die St. Paul's Cathedral mit ihrer mächtigen Kuppel ist nach dem Petersdom das zweitgrößte Gotteshaus in Europa und Sitz des Anglikanischen Bischofs von London. Man sollte sich dieses architektonische Meisterwerk von Sir Christopher Wren aus dem 17. Jahrhundert unbedingt ansehen.

Königliche Paläste

Wer so viel Kunst- und Kirchenschätze gesehen hat, freut sich auf ganz profanen weltlichen Glanz. Auch da braucht man nicht lange zu suchen, die *Historic Royal Palaces* sorgen dafür, dass das königliche London nicht zu kurz kommt. Ob im Tower of London, in Hampton Court und im Kensington- oder Kew-Palast, königliche Geschichte wird überall hautnah erlebbar. Im Stadtteil Westminster hat das Banqueting House seine frühere Bedeutung als einer der nobelsten Treffpunkte der feinen Gesellschaft zurückbekommen, für ein paar tausend Pfund kann man heute mit 400 Personen in der Main Hall einen Empfang geben, zum Galadiner laden oder Konzerte veranstalten. Es ist das einzige, vollständig erhaltene Gebäude der königlichen Residenz Whitehall Palace, die vor dreihundert Jahren niederbrannte. Die symbolträchtigen Deckengemälde stammen von keinem Geringeren als Peter Paul Rubens, der sich die glorifizierenden Motive auch fürstlich bezahlen ließ. Die damals in Rechnung gestellten 3000 Pfund konnten nur in Raten gezahlt werden. Der von Stararchitekt Inigo Jones (1573 bis 1652) zwischen 1619 und 1622 errichtete klassizistische Bau brachte König Karl I. (1600–1649) indes wenig Glück: Das Banqueting House wird wohl das einzige Gebäude bleiben, das die öffentliche Hinrichtung eines britischen Monarchen erlebte. Im Jahre 1649 durchschritt Charles den großen Saal, um auf Betreiben Oliver Cromwells auf einem Fenstergerüst seinen Kopf zu verlieren.

LEBENDIGE VERKEHRSGESCHICHTE

Für eine Tour durch die Museen in London braucht man Zeit, die Stadt hat an die 300 davon. Und im Herzen der City, in Covent Garden, liegt ein ganz besonderes, das oft zu Unrecht übersehen wird: das London Transport Museum. Schon die Lage ist ideal, denn mit Trafalgar Square, British Museum und dem berühmten Covent Garden Market liegen Sehenswürdigkeiten vor der Museumstür. Ein längerer Aufenthalt in den Ausstellungen lohnt sich allemal. Denn hier gibt es nicht nur die Verkehrsgeschichte Londons vom 19. Jahrhundert bis in die Gegenwart zu bewundern, sondern auch viktorianische Kutschen und Kunstausstellungen, die sich mit dem Thema öffentlicher Verkehr rund um Eisenbahn, U-Bahn, rote Busse und schwarze Taxis beschäftigen.
London Transport Museum, Covent Garden Piazza, London WC2E 7BB, Tel. +44/(0)20-73796344, www.ltmuseum.co.uk

WEITERE INFORMATIONEN

Auf der Website von Visit London unter »What's on« gibt es einen aktuellen Veranstaltungskalender nach Themen gruppiert.
www.visitlondon.com
TimeOut.com, Universal House,
251 Tottenham Court Road, London W1T 7AB, Tel. (0)20-78133000,
www.timeout.com/London

Die Hungerford-Fußgängerbrücken (oben), Golden Jubilee Bridges genannt, wurden 2002 fertig gestellt. Die in der Mitte verlaufende Eisenbahnlinie verbindet den Kopfbahnhof Charing Cross mit Waterloo Station. Auch am Südufer der Themse (rechte Seite) gibt es bei Tag und Nacht wunderbare Panoramablicke auf das London Eye und Big Ben (unten).

17 London – Großstadt am Wasser

Flanierend das Themse-Ufer entdecken

Die Themse – noch immer eine Lebensader, die London in das nördliche und das südliche Stadtgebiet teilt. Zwischen Westminster Hall und dem Tower of London verbinden acht Brücken die beiden Uferseiten, so ist das Wechseln der Perspektive kein Problem. Gerade die Viertel am Südufer sind städtebaulich aufgewertet worden, ein Spaziergang dort entlang der Themse ist ein schöner Ausflug.

Es ist noch gar nicht so lange her, da war die Southbank nicht gerade das Vorzeigeviertel Londons. Das von der Waterloo Station bis zur Blackfriars Bridge sich erstreckende Gebiet wurde durch Renovierung und Ansiedlung von kulturellen Attraktionen wesentlich aufgewertet. Im Zweiten Weltkrieg wurden hier viele Häuser zerstört, die Bevölkerung wanderte ab, und die Gegend dümpelte vor sich hin, genoss nicht gerade den besten Ruf. Das hat sich erstaunlich gewandelt, ist einem heiteren Lebensgefühl gewichen, das aus der Spannung zwischen Alt und Neu entsteht. Hinzu kommen Scharen von London-Besuchern aus aller Welt, die an der Southbank-Promenade entlangziehen und hier ihre Kameras zücken, denn die Ansichten sind nicht nur vom London Eye aus entzückend.

Augen auf am Südufer

Von der Waterloo Station aus ist es nur ein Katzensprung zu Londons neuem Wahrzeichen, dem London Eye am Fluss in den Jubilee Gardens. Das im Zuge der Milleniumsfeiern errichtete Riesenrad, mit seinen 135 Metern das höchste der Welt, bietet die beste Gelegenheit, die Metropole in Ruhe aus der Luft zu erkunden. Die halbstündige Fahrt in den gläsernen Kabinen ermöglicht bei schönem Wetter einen Blick, der über 40 Kilometer und bis zum Windsor Castle schweift.
Die weitläufige Promenade führt in Richtung Osten zunächst zu einem äußerlich unattraktiven Betongebäudekomplex, dafür gibt es im Inneren hochkarätige Kulturveranstaltungen, die das Southbank Centre zum Epizentrum der Kunst machen. Hier stehen renommierte Bühnen wie die Royal Festival Hall, die Queen Elizabeth Hall, das Royal National Theatre und die Hayward Gallery. Dazwischen liegen, wie am Gabriel's Wharf, immer wieder kleine Plätze mit Läden, Boutiquen, Restaurants und grünen Oasen.
Hinter dem Oxo Tower beginnt die Bankside, das einstige Sodom und Gomorrha Londons. Hier waren zu elisabethanischen Zeiten die Bordelle und Gefängnisse zu Hause, aber auch Shakespeares

Globe Theater, denn damals hatten Schauspieler noch kein gutes Image. Heute hat sich die Bankside mit ihren Märkten, Pubs, Restaurants und Vergnügungstempeln den guten Ruf zurückerkämpft, gilt als Alternative zum West End. Ein historischer wie progressiver Stadtteil, der zu Recht immer beliebter wird.

Augen zu zum Gebet: Southwark Cathedral

Wenig beliebt hingegen war The Clink, ein kleines Gefängnismuseum, an dem mancher Börsenspekulant heute schnellen Schrittes vorbeirauscht. Das wurde im 12. Jahrhundert gebaut und gehörte vom 15. Jahrhundert an den Bischöfen von Winchester, die hier Gesetze erließen, um im Londoner Rotlichtbezirk, bekannt als *The Liberty of the Clink*, Recht und Ordnung zu schaffen. Das finstere, verrufene Loch gab übrigens allen anderen Gefängnissen seinen Namen: *The clink* ist noch heute »der Knast«. Hier wurde über 500 Jahre lang so ziemlich alles eingekerkert, was Rang und Namen hatte: Es zeigt anschaulich, wie mit Betrügern, Schuldnern, betrunkenen Randalierern, unliebsamen Priestern und Prostituierten umgegangen wurde. Gourmet-Burger aus der benachbarten Küche einer Slow-Food-Kette gab es als Henkersmahlzeit sicher nicht, dafür jede Menge Folterwerkzeuge und andere Qualen.
Erlösung findet man in der benachbarten Southwark Cathedral. Wen das dumpfe Gefühl beschleichen sollte, den Höllenqualen entkommen zu müssen, der kann dort am Grab des John Gower seine Buße tun. Gower gilt immerhin als erster »englischer Poet«, der sich über Grenzen, Sprachen und Machteinflüsse hinweg für das Englische in der Literatur einsetzte: In seiner Sammlung *Confessio Amantis*, 1390 in englischer Sprache veröffentlicht, wird sich schon die passende gereimte Liebesgeschichte als Hommage an Londons Themse-Südufer finden lassen.

LONDON AQUARIUS

London von der Themse aus zu erleben, ist ein besonderes Vergnügen. Ob man nun die vertäute Variante auf dem Restaurant-Schiff »R.S. Hispaniola«, das an der Jubilee Bridge liegt, bei einem *Candle Light Dinner* wählt oder lieber die flinke Flotte der City Cruises nutzt: Das London-Panorama vom Wasser aus hat seinen Reiz. Die Ausflugsboote verkehren das ganze Jahr hindurch täglich, in kurzem Takt werden Westminster Pier am Big Ben, Waterloo Pier unterhalb des London Eye, der Tower und der Greenwich Pier miteinander verbunden. Das oberste Deck ist offen, hier genießt man die beste Sicht auf Londons Sehenswürdigkeiten. Wenn es einmal regnen sollte (das kommt tatsächlich gelegentlich vor), schützen die unteren Decks mit großen Panoramafenstern vor Wind und Wetter. www.citycruises.com und www.hispaniola.co.uk

WEITERE INFORMATIONEN

Websites: www.londoneye.com
www.southbankcentre.co.uk
www.visitbankside.com
www.clink.co.uk
www.southwark.anglican.org/cathedral

Die größte Grünfläche in London ist der Hyde Park. Er dient nicht nur zur Entspannung (unten) und zum Picknick in der Mittagspause, er ist auch Schauplatz zahlreicher Sportveranstaltungen bis hin zum Triathlon (oben). Weltberühmt wurde er durch seinen Speaker's Corner (rechte Seite), hier darf jeder seine Weisheiten zum Besten geben.

18 Grünes London – weitläufige Parks als Oasen

Leidenschaft für Parks und Gärten

London ist die grünste Metropole der Welt, ein Drittel der Stadt besteht aus Grünflächen. Zahlreiche große und kleinere Parks und Gärten lockern das Bild der Hauptstadt auf, in Anlagen wie dem Hyde Park oder den Kensington Gardens wähnt man sich schon auf Grund ihrer Dimension mehr auf dem Land als in einer Millionenmetropole.

Frisch gemähter Rasen, über dem der Tau liegt, duftende Blumenrabatten, die farbenprächtige Bilder vom Paradies heraufbeschwören, und einladende Parklandschaften, durch die am Spätnachmittag langsam aufsteigende Nebelschwaden ziehen wie einst durch Arkadien: All das muss in Großbritannien ein gehöriges Maß an Suchtpotenzial verbreiten. Anders ist es kaum ausreichend erklärbar, warum sich auf der ganzen Welt gerade die Briten zu Gartenliebhabern par excellence entwickelt haben. Sicher, da ist das milde Klima, der stets ausreichende Niederschlag, ohne den nichts so üppig und sattgrün heranwachsen würde. Das sind die psychologischen Komponenten, dem Wetter zu trotzen und die Natur besser als die berühmten Gartenarchitekten der Franzosen und Italiener des 17. und 18. Jahrhunderts inszenieren zu können. Doch sind das Gründe genug, sich jedes Jahr im Mai tagelang für ein Ticket zur Eröffnungsveranstaltung der Royal Horticultural Society und ihrer Chelsea Flower Show anzustellen? Grund genug für über zwei Millionen Menschen, dem National Trust beizutreten, jener 1895 gegründeten altehrwürdigen Stiftung, die sich dem Erhalt des britischen Natur- und Kulturerbes verschrieben hat? Welch unsinnige Frage, werden die für ihren *common sense* berühmten Engländer freundlich, aber bestimmt entgegnen: Leben ist Werden und Vergehen, und was gibt es Schöneres, Wichtigeres oder Glücklicheres als die Liebe zur Natur? Die Beschäftigung mit der Flora, vom Reihenhausvorgarten bis zu den Gärten von Hampton Court, von großartigen Stadtparks bis zu königlichen Schlossgärten und adligen Herrenhaus-Parkanlagen wurde den Briten in die Wiege gelegt. Nichts, aber auch gar nichts hält sie davon ab, selbst bei lausigstem Wetter in Gummistiefeln durch Nachbars Garten zu streifen, an den Tagen der *garden festivals* noch die kleinste Blumenkomposition zu studieren. Und, so viel Höflichkeit muss sein, das Gartendesign zu loben. Eine Faszination übrigens, von der alle Gesellschaftsschichten gleichermaßen angezogen sind. Selbst jener Gartenfreund, der die Einsamkeit und Ruhe

Die berühmte Chelsea Flower Show verwandelt jedes Jahr im Mai das Ausstellungsgelände am Royal Hospital in ein Blütenmeer (oben). Das Albert Memorial am Hyde Park (unten) wurde zu Ehren von Albert von Sachsen-Coburg und Gotha errichtet, Prinzgemahl von Queen Victoria. Ob die Jogger (rechte Seiten unten) wissen, dass er an Typhus starb?

liebt, findet versteckte romantische Plätze in den großen öffentlichen Anlagen, in denen er seinen Gedanken freien Raum lassen kann. Langsam verdichten sich die Nebel, verschwinden Rhododendren, Rosenstauden und Araukarien im Dunkel der Nacht. Doch eines ist so sicher wie der neue Tag: Britische Gartenleidenschaft wird mit jedem Lichtstrahl wieder erwachen. Die Liebe zum »Englischen Garten« ist einfach unsterblich, auch und gerade hier in London.

Blumen und Gärten über alles

Wenn es um Gartendesign, Blumenneuzüchtungen und allerlei Accessoires rund um den Garten geht, fällt spätestens im dritten Satz die Chelsea Flower Show. Denn was sich hier auf einer Fläche von 4,5 Hektar rund um das Royal Hospital in Chelsea abspielt, grenzt schon an Gartenmanie. An fünf Tagen im Mai besuchen immerhin 160 000 Menschen dieses Gartenfestival, gibt es Live-Berichte im Radio und Fernsehen von 1300 Journalisten aus aller Welt. Für den Laufsteg der Farben, Neuzüchtungen und Garteninnovationen muss man sich nicht nur standesgemäß gärtnerisch-edel kleiden, sondern auch mit Geduld in den Menschentrauben bewegen, die sich um die Top-Kreationen des neuesten Gartendesigns versammeln. Ob es das Fürstentum von Monaco ist oder die Botanischen Gärten von Melbourne, hier gibt sich unter den 600 Ausstellern alles ein Stelldichein, was Rang, Namen und Blüten hat. In den großen Pavilion passen ganze zwei Fußballfelder, doch die Kicker der Blues vom FC Chelsea dürfen hier natürlich nicht trainieren. Dafür gibt es 17 Showgärten und Preise und Auszeichnungen wie der »*Plant of the Year*«-Titel, der nicht nur Reputation, sondern auch Umsatz bringt. Seit 1913 wird die Flower Show hier von der Royal Horticultural Society veranstaltet, zum einhundertsten Jubiläum werden dann sicher zu den jährlich rund 50 neuen Pflanzen, die vorgestellt werden, noch einige besondere Jubiläumszüchtungen hinzukommen. Wer dann aber dabei sein will bei der Gartenshow des Jahres, braucht zumindest eine Hutkreation, die blüht, sprießt und duftet.

Hyde Park und Kensington Gardens

In jeder zweiten Assoziation zu London taucht der Hyde Park auf. Er ist nicht nur mit imposanten 142 Hektar eine der größten Grünflächen der Metropole, er dehnt sich auch von Osten nach Westen über eine Strecke von mehr als drei Kilometern Länge aus. Das allein aber würde ihn nicht so berühmt machen. Es ist der *Speaker's Corner* an seinem nordöstlichen Ende, der ein Begriff ist, kann hier doch wirklich jeder alles vortragen, von dem er glaubt, es könne die Welt retten. Außerdem bietet die Mischung des Parks aus großen Rasenflächen, gepflegten Gärten und einsamen Wiesen eine perfekte Szenerie für das gemütliche Picknick oder das Faulenzen in der Sonne. Ein geschwungener See, The Serpentine, trennt den Hyde Park von den Kensington Gardens, die 111 Hektar Fläche umfassen. Hier schlendert man durch elegante Baumalleen vorbei an herrlichen Blumenbeeten, der Peter-Pan-Statue und dem Albert Memorial zum vergoldeten Tor von Kensington Palace, an dem noch immer zur Erinnerung an Prinzessin Diana Blumen abgelegt werden. Auch

die Italienischen Gärten von 1860 bieten Oasen der Ruhe und Erholung.

Parade der königlichen Parks

Doch damit ist noch lange nicht Schluss mit Londons grüner Herrlichkeit. Auch der 166 Hektar große Regent's Park im Stadtteil Marylebone im Nordwesten bietet ein wunderbares Areal zum Flanieren, für sportliche Aktivitäten oder auch um das schöne Panorama vom Primrose Hill aus zu genießen, einem der beliebtesten Aussichtspunkte in London seit über 150 Jahren. Alleine in den Rosengärten des Parks blühen jeden Sommer 30 000 Exemplare von 400 verschiedenen Arten. Da erscheint der 1554 erstmals erwähnte Green Park am Buckingham Palace mit seinen 19 Hektar geradezu als Spielwiese, doch auch hier spenden uralte Bäume Schatten und ziehen die Jogger ihre Runden um den See. Der am Queen Victoria Memorial beginnende St. James' Park ist dagegen Schauplatz vieler Zeremonien, Paraden und nationaler Feierlichkeiten.

Botanische Gärten in Richmond

Eine Parade der Pflanzenvielfalt unserer Erde erlebt man in den Kew Royal Botanic Gardens, dem größten botanischen Garten der Welt. Die 120 Hektar umfassende Anlage mit ihren viktorianischen Gewächshäusern beherbergt über 30 000 verschiedene Pflanzenarten, betreibt Forschung und Pflanzenzucht und gleicht einem überbordenden Meer an Farben und Erscheinungsformen. Bereits im 16. Jahrhundert errichtete Heinrich VII. hier Richmond Palace, und im Laufe der Jahrhunderte entstand eine Anlage mit Wanderwegen, Teichen, Tempeln und Landschaftsgärten, die von der Unesco völlig zu Recht zum Weltkulturerbe erklärt wurde.

DEZENTER BAGLIONI-LUXUS

Königliche Hochzeit 2011, Diamantenes Thronjubiläum und Olympiade 2012, die Weltmetropole London steht kontinuierlich im Fokus des Medieninteresses. Kein Wunder, dass der Hotelmarkt boomt. Dezenter Luxus, moderner Lifestyle und italienisches Lebensgefühl sind die drei Säulen der Baglioni-Hotel-Gruppe. Von Roberto Polito 1973 gegründet, gehören heute zwölf Fümf-Sterne-Häuser in Italien, Frankreich und Großbritannien dazu. Das »Baglioni London« mit seiner ausgezeichneten Lage direkt am Hyde Park hat sich *Luxury with an Italian Touch* auf die Fahnen geschrieben. Das stimmt so nicht ganz, denn Fahnen vor dem Hoteleingang – das wäre dann doch ein wenig zu profan. Dafür gehört, falls gewünscht, persönlicher Butlerservice zum Standard. In dem viktorianischen Gebäude mitten in Kensington befinden sich 18 Zimmer und 49 Suiten, Bar und Restaurant, Lounge und Spa für Körper, Geist und Seele. Baglioni Hotel London, 60 Hyde Park Gate, Kensington, London SW7 5BB, Tel. +44/(0)20-73685700, www.baglionihotels.com

WEITERE INFORMATIONEN

Websites:
www.visitlondon.com/attractions/outdoors
www.rhs.org.uk
www.royalparks.gov.uk

19 Stelldichein der Stars – sportliches London

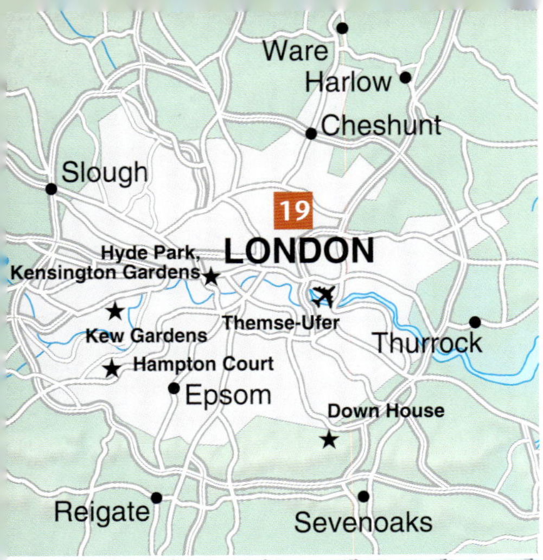

Die Statue von Bobby Moore (oben), Kapitän der englischen Fußball-Nationalmannschaft, die den Weltmeistertitel 1966 errang, steht vor dem Eingang zum Wembley-Stadion. Auch Pferderennen sind eine beliebte Sportart (unten). Architektonische Glanzpunkte: das neue Olympiastadion, der 115 Meter hohe Orbit Tower (rechts oben) und die North Greenwich Arena (rechts unten).

Fußball oder Kricket? Weltstadt im Zeichen der Olympiade

London ist die erste Stadt, die nach 1908 und 1948 zum dritten Mal als Gastgeber der Olympischen Spiele ausgewählt wurde. Die Wettkämpfe im Juli und August 2012 waren ein sportliches Megaevent, das London zusätzlich zehn Millionen Gäste bescherte.

Briten lieben Sport, da macht die Hauptstadt London keine Ausnahme. Als Tennismekka gilt nach wie vor Wimbledon, zu den Kricket-Länderspielen gegen Indien pilgert man ins Stadion The Oval, die Pferderennwochen in Ascot und das Epsom Derby sind ein gesellschaftlicher Pflichttermin, und zum Rugby reist man ins Millennium Stadium nach Cardiff. Eishockey gefällig? Auch das ist kein Problem, in der Odyssey Arena am Queens Quay in Belfast flitzen die Giants übers Eis. Sport spielt in England sowohl als gesellschaftliches Ereignis wie als *big business* eine wichtige Rolle.

Sport im Blickfeld

In den zahlreichen Londoner Parks trainieren die Marathonläufer von morgen, besonders beliebt sind Hyde und Regent's Park oder der Battersea Park an der Südseite der Themse gegenüber von Chelsea. Auch Tennis kann hier gespielt werden, die Platzmiete ist meist sehr günstig.

Die Stadt ließ sich die dritten Olympischen Sommerspiele etwas kosten. Stolze 372 Millionen Euro investierte London allein in die Erweiterung des Nahverkehrs, 41 Millionen Euro verschlang eine neue Seilbahn über die Themse, die bis zu 2500 Personen in der Stunde zwischen der Greenwich Peninsula und den Royal Victoria Docks transportiert. Für den neuen Olympiapark in Stratford, Herzstück der Spiele 2012, wurde ein umfangreiches Nachhaltigkeits- und Nachnutzungskonzept erarbeitet, ohne das die Mehrzahl der Londoner von der Veranstaltung nicht zu überzeugen gewesen wären. Rund um das 80 000 Zuschauer fassende Olympiastadion, die architektonisch spektakuläre Schwimmarena, das Velodrom und die Arenen für Basketball, Hockey, Fechten und Handball wurden 300 000 Bäume und Pflanzen in den Olympischen Park gesetzt. Nur an den Maskottchen »Wenlock« für die Olympischen und »Mandeville« für die Paralympischen Spiele scheiden sich die Geister. Aber über Geschmack lässt sich ja bekanntlich nicht streiten.

Wetten als Leidenschaft

Die moderne Sportkultur und ihre Ausprägung in Form von Sportvereinen als Wirtschaftsunternehmen ist zwar ein globales Phänomen geworden, aber schon

Auf einer Tour durch das legendäre Wembley-Stadion im Nordwesten Londons (rechte Seite unten), darf man sogar den heiligen Rasen kurz betreten und einen Blick in die Umkleidekabinen des englischen Nationalteams (oben) werfen. Am Trafalgar Square trägt man dagegen orange (unten), wenn der Dutch Queens Day auch in London gefeiert wird.

in der Mitte des 19. Jahrhunderts entwickelten sich in Großbritannien die ersten Regelwerke und ein Vereins- und Verbandswesen, das bis heute starke regionalpatriotische Züge trägt. So gibt es noch immer vier britische Fußballnationalteams, weil ein Waliser eben für Wales und nicht für England spielt. Alle vier Nationalverbände sind natürlich in die Weltfußballdachorganisation FIFA integriert und können so an Welt- und Europameisterschaften teilnehmen. Ein System, das auch für andere Sportarten gilt.
Ein weiteres tragendes Element britischer Sportbegeisterung ist die Wettleidenschaft, die sich keineswegs auf das Fußballspiel allein bezieht. Richtig stolz sind die Briten, als »Mutterland des Fußballs« in die Geschichte eingegangen zu sein, doch auch für andere Sportarten wie Badminton, Kricket, Golf, Tennis und Tischtennis können sie das Urheberrecht beanspruchen.
Große Tradition haben außerdem Leichtathletik, Rudern, Rugby, Pferderennen, Boxen und Bowles. Heutzutage sind populäre Spiele wie Darts oder Snooker, eine Art Pool-Billard, hinzugekommen, die vornehmlich in Kneipen gespielt werden. Damit nicht genug: Quoits, ein Wurfspiel mit Eisenringen, trifft man vor allem in Wales an, während die schottischen *Highland Games* mit Baumstammwerfen und Felsbrockenschmeißen das ganze Land in Trance versetzen. Selbst so skurrile »Sportarten« wie Käserollen gehören dazu, denn auch hierauf kann man vorzüglich wetten. Die Familie von Diana Smart besitzt seit Jahrzehnten das Recht, auf der Old Ley Court Birdwood Farm bei Churchwood jenen echten Double-Gloucester-Käse herzustellen, der für den alljährlichen *Cheese Rolling Event* in Coopers Hill gebraucht wird. Selbst ein 2000-Seelen-Dorf wie Chipping Campden besitzt eine eigene Olympiade. Jedes Jahr im Mai strömen Tausende herbei, um Robert Dover's Cotswold Olimpick Games mitzuerleben, wahrhaft königliche Spiele, die 14 Monarchien überdauert haben. Indes brauchte Großbritannien neue Helden für die Spiele 2012 in London. Ein breit angelegtes Förder- und Sichtungsprogramm wurde gestartet, um die zukünftigen Olympiasieger heranzuziehen. Es werden sich einige finden, wetten?

Fairness im Wettkampf

Der Ball rollt ins Aus, der Linienrichter winkt zur Themse. Doch der Einwurf erfolgt in die andere Richtung, weil ein am Zweikampf beteiligter Spieler den Referee korrigiert: »Sorry, ich war zuletzt am Ball.« Solch eine Szene ist selbst in der bedeutendsten Profifußball-Liga der Welt, der englischen Premier League, durchaus keine Seltenheit. Auch in brisanten Londoner Derbys, wenn etwa Tottenham Hotspur gegen den FC Arsenal antritt oder der FC Chelsea auf den FC Fulham trifft, gibt es heute noch ein Grundmaß an Fairness, eine Eigenschaft, die den englischen Sport auszeichnet und die Massen anzieht. Neben den durchweg ausverkauften Spielen füllen lukrative Vermarktungs- und Fernsehverträge mit weltweiter Vergabe der TV- und Merchandisingrechte die Vereinskassen. Die zunehmende Kommerzialisierung und die sich immer stärker ausweitende Übernahme selbst der traditionsreichen Clubs durch russische Ölmilliardäre und amerikanische oder asiatische Großinvestoren

schrecken indessen viele Fans auf, Verdächtigungen wie Wett- und Spielmanipulationen und an Spielertransfers finanziell beteiligte Manager greifen um sich. Dennoch, die Vereinskassen der boomenden Profivereine Englands mit ihren Millionenetats üben große Anziehungskraft auf Profifußballer aus, in den vergangenen Jahren auch vermehrt auf deutsche Kicker. Jens Lehmann und Michael Ballack waren die Prominentesten, die in England über Jahre ihr Geld verdienten. Vor einigen Jahren haben es ihnen junge Spieler wie Moritz Volz und Thomas Hitzlsperger vorgemacht. Heute kicken die Nationalspieler Per Mertesacker, Lukas Podolski und Mesut Özil für den FC Arsenal, Roberth Huth verteidigt für Stoke City.

Der Geist von Wembley

Alle Fußballgeister werden wach, wenn man das legendäre Wembley-Stadion besichtigt, eine Reise in die große Fußballgeschichte der Engländer und auch der Deutschen. Hier steht er nun unter dem Originaltorbalken des WM-Endspiels von 1966, der deutsche Torhüter Hans Tilkowski, der so verzweifelt wie vergeblich gewunken hat: Nein, der Ball war nicht hinter der Linie. Doch der Schiedsrichter entschied anders, und England wurde Fußball-Weltmeister. Von den Umkleidekabinen bis zum heiligen Rasen kann man hier alles hautnah erleben. Auch wenn es noch so schmerzt: Tor zählt, wenn der Schiedsrichter pfeift.

MIT CHARME UND URBANEM CHIC

Nicht nur während großer Sportveranstaltungen und Jubiläen der königlichen Familie sind die Hotels in Londons Zentrum oft ausgebucht und haben ihren Preis. Zur Gesamtkapazität von rund 120000 Gästezimmern kamen durch die Olympischen Spiele weitere 12 Prozent an Betten hinzu. Die jährliche Auslastungsrate, die traditionell deutlich über 80 Prozent liegt, und der Ertrag pro Zimmer steigen weiter. Gut, wenn man da Alternativen am Stadtrand und in der Umgebung hat. So etwa im südlich vom Zentrum gelegenen Stadtteil Tooting Bec, der übrigens mit dem Lido das größte Süßwasser-Freibad Englands besitzt, in dem selbst im Winter die Einheimischen ihre Bahnen ziehen. Bei Sally fühlt man sich als B&B-Gast besonders wohl. Diese und weitere ausgewählte Unterkünfte findet man bei Susanne Weichselberger. London Bed & Breakfast, Felsbergstrasse 22 B, 64625 Bensheim., Tel. (06251) 702822, www.bed-breakfast.de

WEITERE INFORMATIONEN

Websites: www.arsenal.com
www.wembleystadium.com
www.wimbledon.com
www.premierleague.com

Die Hügellandschaft in Hampshire erscheint aus der Luft wie ein Mosaikteppich (rechte Seite). Der 170 Meter hohe Spinnaker Tower in Portsmouth (oben) wurde 2005 zum 200. Jahrestag der Seeschlacht von Trafalgar eingeweiht. Auch zur New Forest Show zählen Tradition und Stil (Mitte), Kinder brauchen für das Drachensteigen nur Wind (unten).

VON HAMPSHIRE BIS DORSET

Wer durch das City Gate Winchester betritt (oben), wird heute freundlich empfangen. Fünf Burgen und zwei Königslöwen im Wappen (unten) zeugen von der stolzen Geschichte. Die fast 170 Meter lange Winchester Cathedral (rechte Seite unten) ist das längste Kirchenschiff in Großbritannien. Im »Old Vene« speist man vorzüglich (rechte Seite oben).

20 Winchester – englische Geschichte

Die Hauptstadt von Hampshire

Nicht die Küstenstädte Southampton oder Portsmouth schmücken sich mit dem Titel Hauptstadt von Hampshire, dem 38 000 Einwohner zählenden Winchester wird diese Ehre zuteil. Das hat historische Gründe. So nahm die Stadt am Fluss Itchen schon zu Römerzeiten eine wichtige Stellung ein, unter König Alfred dem Großen (847–899) stieg sie gar zur Hauptstadt des englischen Königreichs auf.

So wundert es nicht, dass man in Winchester auf Schritt und Tritt historischen Gebäuden, Monumenten und Museen begegnet, die alle auf überschaubarem Raum liegen und somit gut zu Fuß entdeckt werden können. Vom St. Giles Hill aus schweift der Blick über die mittelalterlichen und georgianischen Häuser, wird von der großen Statue Alfreds des Großen angezogen, dem Winchester seinen Aufstieg zu verdanken hat. Bis um 1200 war man Reichshauptstadt und Hofsitz des Königreichs von Wessex, im Jahr 1043 wurde in der Kathedrale von Winchester Eduard der Bekenner gekrönt, einer der letzten großen Höhepunkte in der Stadtgeschichte, bevor sich das Machtzentrum langsam nach London verlagerte.
Man folgt dem angelsächsischen Straßenplan, hält inne am *Buttercross*, einem imposanten Marktkreuz aus dem 14. Jahrhundert, und verweilt natürlich in der Kathedrale. Sie wurde ab 1079 errichtet und besitzt ein 170 Meter langes Kirchenschiff, das nach der Peterskirche in Rom das zweitlängste in Europa ist. Ihr äußeres Erscheinungsbild mit Elementen von der Romanik bis zur Spätgotik kommt eher schlicht daher, aber auch ohne Prunk und reiche Ornamentik strahlt die Kirche Harmonie und Macht aus. Erst im Innern bemerkt man ihre Größe, ist überwältigt von Schreinen, Grabkapellen, Taufbecken und kunstvollen Fenstern. Eine Grabplatte erinnert an Jane Austen, die 1817 in ihrem Haus in Winchester starb. Auch die normannische Krypta, die als die schönste Englands gilt, kann besichtigt werden, allerdings nur im Sommer, denn sie steht wegen des feuchten Untergrundes meistens unter Wasser.

William der Taucher

Das führt zu einer berühmten Persönlichkeit der Stadt, William Walker, auch *Will the Diver* genannt. Seiner Arbeit ist es zu verdanken, dass die Kathedrale zu Beginn des 20. Jahrhunderts nicht einstürzte. Ihr Holzbohlenfundament sackte allmählich ab, Will konnte das nicht zu-

lassen. Zwischen 1905 und 1912 stützte er in täglichen Tauchgängen im dunklen Grundwasser der Krypta die Fundamente mit Zement und Ziegelsteinen. Über 115 000 Betonblöcke, 25 000 Zementsäcke und 900 000 Ziegelsteine verarbeitete er und verdiente sich so seinen Platz in der Kathedrale neben all den Bischöfen und Königen.

Über die Domfreiheit und das King's Gate erreicht man die Ruinen von Wolvesey Castle, in dem einst Maria I. Tudor ihre Flitterwochen mit Philipp II. von Spanien verbrachte. Weniger urlaubsselig geht es im gegenüberliegenden Winchester College zu. Im Jahr 1382 von Bischof William of Wykeham gegründet, befindet sich hier noch heute die älteste und international renommierteste Public School Englands. Einige Gebäude stammen aus dem Spätmittelalter, der Südtrakt aus dem 19. Jahrhundert. Die 700 Schüler kommen aus wohlhabenden Familien, denn die Schulgebühren gehören zu den höchsten des Landes.

Ganz ohne Geld im Säckel kann man im ältesten Armenspital Englands, im Hospital of St. Cross von 1136, Hunger und Durst stillen. Denn die Tradition des *Wayfarer's Dole*, eines kleinen Bechers Bier und eines Happens Brot für jeden Bedürftigen, wird noch heute zelebriert.

REIFER WEIN IN ALTEN MAUERN

Wie wäre es mit einem 2007er Sangiovese di Romagna DOC Superiore Riserva Terragens aus der Emilia-Romagna? Der rubinrote, nach reifen Waldbeeren schmeckende Rotwein passt perfekt zu einem saftigen Steak. Oder mit einem 2008er Riesling Prestige von der Cave de Ribeauville, der ältesten Winzergenossenschaft des Elsass? Der trockene Weiße mit seinen Aromen von Zitrusfrüchten verwöhnt den Gaumen am besten zu einem Fischmenü. Das sind nur zwei Beispiele der ausgezeichneten Wein- und Speisenkarte, die im »Old Vene«, einem Gebäude aus dem 18. Jahrhundert, im Schatten der Kathedrale von Winchester die Gäste erwartet. Auch einige geräumige Zimmer zur Übernachtung werden angeboten. The Old Vene, 8 Great Minister Street, Winchester, Hampshire SO23 9HA, Tel. +44/(0)1962-854616, www.oldvinewinchester.com

WEITERE INFORMATIONEN

Tourist Information Centre, Guildhall, High Street, Winchester, Hampshire SO23 9GH, Tel. +44/(0)1962-840500, www.visitwinchester.co.uk
Websites: www.winchester-cathedral.org.uk
www.winchestercollege.org
www.stcrosshospital.co.uk

Mit grimmiger Miene scheint Lord Horatio Nelson, Oberbefehlshaber der britischen Flotte, das Historic Dockyard in Portsmouth zu bewachen (oben). Die H.M.S. Victory (rechte Seite oben) gehört zu den schönsten Museumsschiffen der Welt. Für die legendäre Feuerkraft ihrer Kanonen (rechts unten) wurden über 780 Pulverfässer mitgeführt.

21 Portsmouth – Hafenstadt mit Flair

Heimat und Flaggschiff der englischen Seefahrtsgeschichte

Als pulsierende Hafenstadt an der Südküste pflegt Portsmouth seine große Seefahrtsgeschichte. Die Verbindung von Tradition und Moderne gelingt hier beeindruckend, nicht nur wegen des Spinnaker Tower, der zum 200. Jahrestag der Seeschlacht von Trafalgar 2005 am Hafen errichtet wurde. Charles Dickens und eine ausgeprägte Museumslandschaft machen die Stadt auch für Kulturreisende interessant.

Wer eines der wichtigsten Elemente des für uns Kontinentaleuropäer nicht immer einfach zu verstehenden Seelenlebens der Engländer erfühlen will, der sollte nach Portsmouth reisen. Mit ihren großartigen Zeugnissen der Seefahrtsgeschichte, der lebendigen *Waterfront* und den betriebsamen Handels- und Fährhäfen ist Portsmouth noch heute maritimes Zentrum erster Güte. Im Zweiten Weltkrieg wurde es zwar schwer zerbombt, aber es ist wieder auferstanden wie Phönix aus der Asche. Auf Grund seiner idealen Lage als mittlerer Finger dreier Landzungen, die sich ins Meer erstrecken, konnte hier ein gut geschützter natürlicher Hafen entstehen, der bereits Ende des 15. Jahrhunderts durch die *Royal Docks* seine große Bedeutung erlangte. Seit über 500 Jahren ist Portsmouth einer der wichtigsten Stützpunkte der *Royal Navy*. Zwei Theater, zwei Kathedralen und 20 000 Studenten machen Portsmouth zu einer attraktiven *Waterfront City*, ein einfacher, aber treffender Slogan der Tourismusstrategen, der Besucher aus aller Welt anzieht.

»Warrior«, »Victory« und »Mary Rose«

Im *Portsmouth Historic Dockyard*, umgeben von den modernen Anlagen der *Royal Navy*, kann man drei der größten Kriegsschiffe sehen, die jemals gebaut wurden: »Mary Rose«, »HMS Victory« und die »HMS Warrior«. Diese großartigen Schiffe, in Verbindung mit den historischen Docks, modernen Museen zur Seefahrtstradition und kleinen Cafés, die sich harmonisch ins Bild fügen, repräsentieren den ganzen Stolz der Briten auf ihre maritime Geschichte. Dabei wirken sie keineswegs belehrend, gleiten aber auch nicht ab in Freizeitpark-Amüsement. Gleich am Besucherzentrum liegt der 127 Meter lange Dreimaster »HMS Warrior«, gebaut 1860 und eines der historisch bedeutendsten Kriegsschiffe der Welt aus der Übergangszeit vom Holz- zum Eisenrumpf und vom Segel- zum Dampfantrieb. Die »HMS Victory« ist das wohl berühmteste Kriegsschiff. Im Jahre

1765 vom Stapel gelaufen, errang Admiral Lord Horatio Nelson mit der Flotte um die »Victory« in der Seeschlacht von Trafalgar den Sieg über die Spanier und Franzosen. Eine Messingplakette auf dem Oberdeck markiert den Ort, an dem Nelson starb. Wenig Glück hatte auch die »Mary Rose«, gebaut 1511. Der ganze Stolz Heinrichs VIII. versank vor seinen Augen im Sommer 1545 kurz nach dem Auslaufen samt 700 Mann Besatzung, als man die Franzosen vor der Isle of Wight vertreiben wollte.

Dickens, Doyle und D-Day Museum

Aber nicht nur für alte und junge Seebären, Segler und Meernixen ist Portsmouth interessant, auch literarisch hat die Stadt am Solent einiges zu bieten. Der Science-Fiction-Autor H. G. Wells (1866–1946) lebte als junger Mann einige Zeit in Southsea, Sir Arthur Conan Doyle (1859–1930) arbeitete als Arzt in der Stadt und schuf hier seine Romankultfiguren Sherlock Holmes und Dr. Watson. Und am 7. Februar 1812 erblickte in Portsmouth Charles Dickens (1812–1870) das Licht der Welt. Sein 200. Geburtstag wird im Jahr 2012 nicht nur in dem kleinen, aber sehenswerten Haus in der Old Commercial Road groß gefeiert. Hier ist das grüne Sofa, auf dem er starb, zu sehen. Und im D-Day Museum wird an den *Deliverance Day*, den Tag der Erlösung, erinnert, der an der englischen Südküste von den Alliierten vorbereitet wurde.

SCHLUMMERN BEI LADY K.

Im Stadtteil Southsea bietet Portsmouth den obligatorischen Pier, attraktives Strandleben und viel denkmalgeschützte Architektur. So auch das *Retreat House*, ein schöner viktorianischer Rückzugsort, der 1889 für Lady Katie Magnus, die Tochter des ersten jüdischen Bürgermeisters Emanuel Emanuel, von ihm gebaut wurde. Hier schrieb sie mehrere Bücher zur jüdischen Geschichte. Emanuel war offizieller Silberschmied der Königin und besaß drei Juweliergeschäfte in Portsmouth. Die heutigen Besitzer Sian und Mark kauften das Haus 2007 und eröffneten nach umfangreichen Renovierungsarbeiten ein Gästehaus, das auch zu einem kleinen Schmuckstück geworden ist. Geschmackvolle Einrichtung, warme Farben, ein grandioses englisches Frühstück und eines der Bücher von Lady Katie im Regal: Hier kann man sich wohlfühlen. The Retreat Guest House, 35 Grove Road South, Southsea, Hampshire PO5 3QS, Tel. +44/(0)2392-353701, www.theretreatguesthouse.co.uk

WEITERE INFORMATIONEN

Tourist Information Centre, Clarence Esplanade, Southsea, Hampshire PO5 3AA, Tel. +44(023) 92826722, www.visitportsmouth.co.uk

Websites: www.historicdockyard.co.uk www.charlesdickensbirthplace.co.uk

Wer alten Wein in neuen Schläuchen verkauft, erleidet meistens Schiffbruch. Es geht auch erfolgreich, das zeigt das Naturreservat The New Forest. Durch das Revier zieht prächtiges Rotwild (oben), und die Ponys genießen Artenschutz und Kultstatus (unten). Im kleinen Ort Minstead wurde Sir Arthur Conan Doyle begraben (rechte Seite unten).

22 Wilde Ponys und alter Wald im New Forest

Ein königliches Naturschutzgebiet

Nachhaltige ökologische Tourismusentwicklung mit Wander- und Aktivprogrammen steht im New Forest National Park im Mittelpunkt. Der Name täuscht, Englands jüngster Nationalpark wurde zwar erst 2005 ins Leben gerufen. Neu heißt hier allerdings: Stolze 900 Jahre alt ist das idyllische Wald- und Heideland, das schon von Wilhelm dem Eroberer als königliches Jagdrevier genutzt wurde.

Zwischen Bournemouth, Salisbury und Southampton erstreckt sich mit dem New Forest ein noch relativ neues Refugium für vielfältige Outdoor-Aktivitäten. Wanderer, Radfahrer, Vogelbeobachter und Naturliebhaber finden hier alles, was das Herz begehrt. Gemeinsam mit den Farmern und kleinen Gemeinden wie Lyndhurst, Burley und Brockenhurst wurde ein mehrfach ausgezeichnetes Konzept für ökologischen Tourismus entwickelt. Das 350 Quadratkilometer große Gebiet setzt sich zusammen aus einem Drittel alter Baumbestände mit Eichen, Buchen, Birken, Eschen und Nadelbäumen; ein weiteres Drittel besteht aus Heide- und Grasland, und der Rest entfällt auf Feucht- und Sumpfgebiete. Drei Flüsse mäandern nach Süden, Lymington River, Beaulieu River und der Fluss Avon, der die westliche Grenze bildet.

William und die Ponys

Wilhelm der Eroberer erklärte die Region 1079 zum königlichen Jagdrevier und führte das System der »Verderer« (königlicher Forstmeister und Jagdpfleger), der »Agister« (Viehhüter) und »Commoner« (Pächter) ein, das zur Verwaltung des New Forest diente. Noch heute gewährt man den Pächtern das Weiderecht für ihre frei laufenden Ponys, Schafe und Rinder, den Lehmabbau und die biologische Schweinemast mit Eicheln und Bucheckern. Auch das Recht zum Holzsammeln basiert auf dieser alten Gesetzesgrundlage.

Der New Forest hat zu jeder Jahreszeit seine Reize. Im Frühling glänzt er mit seiner Farbenpracht, bereiten Jungtiere wie Rehkitze und Lämmer den Besuchern Freude. Im Sommer gibt es zahlreiche Picknickmöglichkeiten, spannende Strandkricket-Partien, Bootstouren oder Wanderungen durch die zauberhafte Landschaft. Neben Rindern und Eseln trifft man zuweilen auch halbwild lebende New-Forest-Ponys an. Erstmals urkundlich 1041 erwähnt, sind diese vielseitigen Ponys inzwischen nahezu in allen Reitsportarten vertreten.

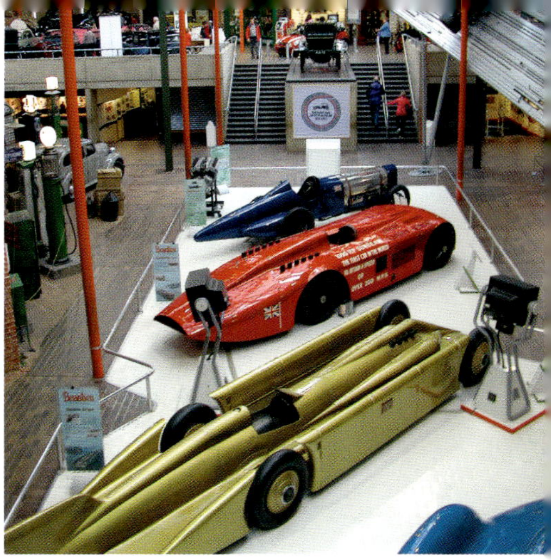

Der Herbst ist wohl die spektakulärste Saison im New-Forest-Nationalpark. Wenn die Landschaft in rot-goldenem Licht erstrahlt, erfreut man sich an stimmungsvollen Ausflügen per Fahrrad oder zu Pferd. Rund 300 Kilometer gut ausgeschilderte Wander-, Rad- und Reitwege führen durch einsame Landschaften, entlang bezaubernder Küstenabschnitte, durch alte Wälder und weites Heideland mit unendlich erscheinenden Himmelspanoramen. Und im Winter, wenn die Natur in den Schlaf fällt, ist es ein Genuss, die Stille der Wälder auf sich wirken zu lassen.

Kleine Dörfer und großer Garten

Die Felsenklippe von Barton-on-Sea gehört zu den Hauptattraktionen der Küstenregion. Sie bietet einen großartigen Panoramablick von Milford-on-Sea nach Hurst Castle und auf die Isle of Wight. Auch die idyllische Hafen- und Fischerstadt Lymington liegt direkt am Ärmelkanal. Der Jachthafen, die Häuser aus dem 16. und 17. Jahrhundert und der historische Markt verleihen ihr besonderes Flair; Bootsausflüge zur Meerenge Solent bieten windumwehte Abwechslung. Doch die eigentlichen Stars des New Forest sind neben den Ponys und der unberührten Natur die vielen kleinen Dörfer, in denen die Zeit stehen geblieben zu sein scheint. Lyndhurst etwa gilt als Hauptort, das New Forest Museum bietet Einblick in die Geschichte und Entwicklung des Gebiets. In kleinen Geschäften, gemütlichen Teestuben, nostalgisch eingerichteten Pubs, Cafés und Restaurants können die lokalen Produkte probiert werden. Am südöstlichen Zipfel liegt Exbury, weltbekannt durch seine berühmten Rhododendron- und Azaleengärten. 1920 wurden die Gärten von Lionel de Rothschild angelegt, auf der drei Kilometer langen Summer Lane entfaltet sich von Frühjahr bis Herbst eine wahre Blütenpracht.

ARCHITEKTUR UND AUTOMOBIL – BEAULIEU

Die Geschichte Beaulieus begann 1204 mit dem Bau eines Zisterzienserklosters, seit 1538 ist das Anwesen im Besitz der Familie des Lords Montagu of Beaulieu. Die Gebäude bieten heute zusammen mit dem dazugehörigen malerischen Dorf ein gutes Beispiel für die von den Briten so geliebten *Stately Homes*. Obwohl es weiterhin als Wohnsitz der Familie Montagu dient, sind Teile des Hauses für die Öffentlichkeit zugänglich. Beaulieu ist auch Heimat des British National Motor Museum. Es enthält eine der bedeutendsten Sammlungen historischer Automobile, eine Schatztruhe für Liebhaber von Oldtimern und Rolls-Royce-Limousinen. Die 250 Fahrzeuge reichen vom Bugatti, Cadillac und Sunbeam bis hin zu Sportwagen und Motorrädern. John Montagu Building, Beaulieu, Brockenhurst, Hampshire SO42 7ZN, Tel. +44/(0)1590-612345, www.beaulieu.co.uk

WEITERE INFORMATIONEN

New Forest Visitor Centre, Main Car Park, Lyndhurst, Hampshire SO43 7NY, Tel. +44/(0)23-80282269, www.thenewforest.co.uk
Websites: www.lymington.org
www.exbury.co.uk
www.bucklershard.co.uk

In Cowes im Norden legt die Fähre von Southampton an (unten), viele Besucher zieht es sogleich zu den Kreidefelsen der Freshwater Bay in den Westen (oben). Kaum einer verpasst jedoch Osborne House (rechte Seite oben), die Sommerresidenz von Queen Victoria. Das einstige Heilbad Ventnor (rechts unten) besitzt das mildeste Klima der Insel.

23 Isle of Wight – England im Kleinen

Urlaubsinsel für Wassersportler und Landgänger

Viele Besucher halten die Isle of Wight für eine Art Mini-Südengland, vereint die Insel doch alle Landschaften von Kreideklippen über goldfarbene Sandstrände bis hin zu kleinen Dörfern mit Fachwerkhäusern und Schilf gedeckten Cottages, die typisch für den Süden sind. Hinzu kommen eine der sonnigsten Klimazonen Großbritanniens und beste Bedingungen für Segler und Surfer.

So richtig populär wurde die Isle of Wight, als Queen Victoria (1819–1901) Osborne House bei Cowes am östlichen Ufer des Medina River 1845 zu ihrer Sommerresidenz auserkor. Schon in ihrer Kindheit hatte sie hier glückliche Tage verlebt, nun wollte sie einen Sommersitz für ihr ganzes Leben. Seitdem strömen die Besucher in Scharen auf die Insel, weil sie hier nicht nur eine große Vielfalt an Freizeitaktivitäten angeboten bekommen, sondern weil sich trotz des in den Sommermonaten heftigen Andrangs auf den Fähren auf der Insel selbst immer wieder ein ruhiges Plätzchen findet. Die Gäste verteilen sich schnell, nur während der berühmten Segelregatta *Cowes Week* und dem *Isle of Wight Festival* kann man den Besuchermassen nicht entgehen.

Königliche Traumvilla und ein Burgverlies

Zeit und Raum, um zu entspannen, findet man ausreichend an den langgezogenen Sandstränden um Ryde im Norden, bei Sandown und Shanklin im Westen, an der Compton Bay im Südwesten und beim Flanieren in den Häfen von Yarmouth und Cowes. Da heute aber bekanntlich ja aktives Erholen angesagt ist, gehören Ausflüge in die Inselgeschichte zum Programm eines jeden, der nicht nur in der Sonne braten will. Erste Anlaufstation ist dabei Osborne House, der viktorianische Palast am Meer. Hier verbrachte Queen Victoria mit ihrem Gatten Prinz Albert von Sachsen-Coburg und Gotha und der großen Familie die Sommerferien. »Es ist unmöglich, sich ein schöneres Fleckchen Erde vorzustellen«, lobte sie einst das Anwesen. Man muss ihr Recht geben, die italienisch anmutende Villa mit den beiden Campanilen, der Loggia, dem Springbrunnen und den Gärten, der weit schweifende Blick über die Meerenge Solent, die gelassene Heiterkeit, die über allem liegt: Osborne House ist ein südländisches Arkadien am Nordzipfel der Isle of Wight, wie es anmutiger nicht sein könnte. Auch die prunkvollen *Royal Apartments*, der große

Eine Kutschenfahrt zum Osborne House (oben) gehört in Cowes zum Angebot wie eine Fußgängerzone voller Geschäfte (Mitte). Am Ventnor Beach (unten) geht es etwas geruhsamer zu. Wer sich für Fotografie interessiert, sollte die Dimbola Lodge bei Freshwater besuchen. Hier lebte die Fotokünstlerin Julia Margaret Cameron (rechte Seite unten).

Bankettsaal mit seinem indischen Dekor und das Schlafgemach der Königin, in dem sie 1901 verstarb, können besichtigt werden.
In Newport, der Hauptstadt der Isle of Wight, die tatsächlich im Zentrum der Insel liegt, kann man sich an der südwestlichen Peripherie die malerische Burg Carisbrooke Castle anschauen. Schon die Römer ließen hier eine Verteidigungsanlage errichten. Berühmt wurde der Ort als königliches Gefängnis für Charles I., der in der Burg eingekerkert wurde, bevor man ihn hinrichtete. Die Gärten im Edwardian Style, von keinem Geringeren als dem berühmten Gartendesigner und Fernsehmoderator Chris Beardshaw entworfen, und die zahmen Esel auf dem Gelände stimmen da schon friedlicher.

Ticket to Ride and Rome

Äußerst entspannt geht es auch in Ryde zu, der mit rund 30 000 Einwohnern größten Stadt der Isle of Wight. Zwei Fähren von Portsmouth und Southsea legen hier an und bringen zusätzlich Tagesgäste herüber, die zum Sonnenbaden an den goldgelben Sandstränden östlich der Stadt herüberkommen. Ryde quillt über von Cafés, Pubs, Vergnügungs- und Shoppingmeilen; dass es einmal ein Fischerdorf war, ist kaum mehr zu spüren. Immer beliebter wird auch der farbenfrohe Ryde-Karneval Anfang September, der von sich behauptet, der älteste Karneval des Vereinigten Königreichs zu sein, geht er doch auf das Jahr 1888 zurück. Einiges zu lachen bekommt man auch im »The Donald McGill«-Postkartenmuseum in der Union Street. Der gute Donald hat von 1904 bis 1962 über 12 000 Postkartenmotive entworfen, in einer Zeit, als es noch zum guten Ton gehörte, Grüße per Schneckenpost statt Megabytes zu verschicken. Seine witzigen Karten nehmen oft die Seebadgäste auf den Arm, so etwa den Gentleman mit Schirm und Melone, der am Strand spazieren geht und dem Teufel begegnet. Dieser fragt ihn: »Weißt du, wer ich bin?« – »Natürlich weiß ich das. Ich habe schließlich deine Schwester geheiratet.«
Auch unter eingeschworenen Beatles-Fans hat Ryde seinen festen Platz, gilt doch der 1965 erschienene Song *Ticket to Ride* als eine versteckte Reminiszenz an das Seebad und Wortspiel mit seiner doppeldeutigen Auslegung. Paul McCartney selbst gab ein *British Railway Ticket* nach Ryde auf die Isle of Wight als Inspirationsquelle für das als erster Heavy-Metal-Song in die Musikgeschichte eingegangene Lied an. Zwischen Ryde und Sandown liegt das kleine Städtchen Brading, etwas weiter südlich die Brading Roman Villa mit großartigen Fußbodenmosaiken, die 1880 von einem örtlichen Farmer entdeckt wurden. Darunter befindet sich ein Mosaik in Menschengestalt mit einem Vogelkopf, das den Forschern bis heute Rätsel aufgibt.

Segel, Segel und noch mehr Segel

Ganz zweifellos gehört das 20 000 Einwohner zählende Cowes an der Mündung des Medina-Flusses zu den Top-Destinationen für Segelsportliebhaber. Während der Saison vergeht kaum eine Woche ohne eine Segelregatta, ein Jacht- oder Powerboat-Rennen. Während der *Cowes Week*, der ältesten und größten Segelregatta der Welt, treffen sich hier über 1000 Segelboote, 8500 Segler und

100 000 Besucher zu den Wettbewerben. Der Hafen und die ganze Stadt gleichen dann Anfang August einem einzigen Meer aus Segeln, Seglern und maritimem Ambiente. Der *Royal Yacht Squadron* von Cowes zählt zu den exklusivsten Segelclubs der Welt, er richtet die *Cowes Week* aus und zählt unter seinen Mitgliedern Persönlichkeiten der High Society und des Geldadels. Alle zwei Jahre findet hier auch der Admiral's Cup statt.

Der Dichter und die Fotografin

Wind-, Kitesurfer und Wakeboarder haben Brook Chine an der Compton Bay als ihr Paradies auserkoren. Ihre waghalsigen Surf- und Flugmanöver am westlichsten Punkt der Insel rund um die Kalksteinformationen der *Needles* und den Leuchtturm lassen schon beim Zuschauen den Atem stocken.

Wesentlich beschaulicher geht es in der Nähe von Freshwater zu. Das freundlich wirkende Dorf mit der einzigen mit Reet gedeckten Kirche der Insel, die 1908 auf einem Grundstück der Tennyson-Familie errichtet wurde, hat sich als Wohnsitz des Dichters Alfred Lord Tennyson (1809–1892) einen Namen gemacht. In Farringford House verbrachte er von 1853 an bis zu seinem Tod viele Wintermonate. Auch ihm wurden im Sommer die Besucherscharen bisweilen zu viel. In guter Nachbarschaft, in der Dimbola Lodge, lebte von 1860–1875 eine Wegbereiterin der modernen Fotografie, Julia Margaret Cameron (1815–1879). Die in Kalkutta geborene Ehefrau eines Juristen und Mutter von sechs Kindern bekam im Alter von 48 Jahren einen Fotoapparat geschenkt, begann zu experimentieren und wurde zur berühmtesten Fotokünstlerin des viktorianischen Zeitalters.

MIT DAMPF ÜBER DIE INSEL

Am 31. Dezember 1966 war Schluss mit Kohleschaufeln. Die letzte Dampflokomotive schnaufte von Shanklin nach Ryde, damit ging eine Ära zu Ende, die 1862 mit der ersten Fahrt von Cowes nach Newport begann. In der Eisenbahnblütezeit der Insel gab es ein 88 Kilometer langes Schienennetzwerk, heute existiert nur noch eine Linienverbindung von Ryde nach Shanklin, elektrifiziert selbstverständlich. Nur noch? Weit gefehlt, denn schon 1971 gründeten Eisenbahnenthusiasten die »Isle of Wight Steam Railway«-Gesellschaft. Sie reparierten, konservierten und setzten einige Loks wieder unter Dampf, nahmen die Strecke von der Smallbrook Junction zur Wotton Station in Betrieb und erweckten mit der Havenstreet Station den zentralen Bahnhof samt Museum und Besucherzentrum zu neuem Leben. Isle of Wight Steam Railway, The Railway Station, Havenstreet, Isle of Wight PO33 4DS, Tel. +44/(0)1983-88 2204, www.iwsteamrailway.co.uk

WEITERE INFORMATIONEN

Visit Isle of Wight Ltd., Osbourne House Estate, York Avenue, East Cowes, Isle of Wight PO32 6JK, Tel. +44/(0)1983-81 3813, www.visitisleofwight.co.uk
Websites: www.isleofwightfestival.co.uk
www.dimbola.co.uk

24 Windsor Castle – Stolz der Königin

Das Schloss aller Schlösser

Windsor Castle ist kein gewöhnliches Schloss, kein gewöhnlicher Palast, keine einfache Burg und kein noch so repräsentatives Staatsgemach – das größte und älteste bewohnte Schloss der Welt, Wohnstätte ihrer Majestät Königin Elizabeth II., ist ein Zustand. Man steht davor, traut seinen Augen nicht und staunt wie Alice im Wunderland.

Die Kleinstadt Windsor mit ihren Backsteinhäusern in der Grafschaft Berkshire freut sich über einen steten Besucherstrom. Das Queen-Victoria-Denkmal (rechte Seite) thront majestätisch vor Windsor Castle. Man kann mit dem Sightseeing-Bus (oben) oder per Fahrrad (unten) die Stadt und das Umland der königlichen Sommerresidenz erkunden.

Nur 35 Kilometer westlich von London liegt Windsor Castle, der Stammsitz der *Royal Family* und eines der beliebtesten Ausflugsziele sowohl für englische Familien als auch für Besucher aus der ganzen Welt. Ob man nun Anhänger der Krone ist oder nicht, Windsor Castle muss man gesehen haben. Denn trotz all des durchorganisierten Trubels, der rund um die mächtigen Türme am Ufer der Themse und in der Stadt Windsor selbst herrscht, hier zeigt sich das Königshaus von seiner charmantesten Seite. Auch wenn es natürlich Bereiche gibt, die nicht zugänglich sind, die Öffnungszeiten bei Staatsempfängen sich ändern, die Prunkgemächer nicht besichtigt werden können, wenn die Queen anwesend ist, und auf dem *Round Tower* dann die königliche Flagge weht, in Windsor Castle wird Volksnähe gepflegt und englische Geschichte gelebt – wie in einer großen Familie.

Nur böse Zungen behaupten, das Ganze sei eine einzige PR-Maschine, die von negativen Schlagzeilen ablenken soll, die einzelne Mitglieder der Royals gelegentlich produzieren. Doch das ist so ungerecht wie nicht beweisbar: Wer die Begeisterung der Besucher sieht, ob Jung oder Alt, wer die fähnchenschwingenden Kinder erlebt, die mit glänzenden Augen durch das Torgebäude Heinrichs VIII. treten, Ladies, die sich eine Träne dezent mit dem schneeweißen Taschentüchlein aus dem Augenwinkel wischen, und Gentlemen, die ihren Rücken durchdrücken und eine kerzengerade Haltung annehmen, der spürt, was Windsor Castle noch heute für Engländer bedeutet.

Auch die Kleinstadt Windsor selbst mit ihren Fachwerk- und Backsteinbauten, gemütlichen Pubs, Cafés, Restaurants, Boutiquen und Antiquitätenläden fügt sich perfekt in das Gesamtensemble ein. Wenn dann noch die Sonne scheint und ein Bootsausflug auf der Themse lockt, wird aus manchem Kritiker der Krone zwar kein Monarchist, zumindest aber jemand, der sich dieser Faszination, die von Windsor und dem Castle ausgeht, nicht mehr entzieht.

In der Church und Market Street findet man neben Antiquitätenshops genügend Cafés (oben), Restaurants und Pubs (rechte Seite oben). Wer sich sportlich betätigen will, wählt eine Ruderbootpartie (unten) oder lernt Treffsicherheit im Windsor Forest Bowmen Archery Club (Mitte). Über allem steht natürlich ein Schlossbesuch (rechte Seite unten).

Vorsicht Strumpfband

Bereits um 1078 ließ Wilhelm der Eroberer hier eine Burg errichten, von Heinrich II. bis zu Königin Elizabeth II. wurde sie kontinuierlich erweitert, umgebaut, verschönert und dient nun schon seit über 900 Jahren als offizielle Residenz der königlichen Familie. Auch Queen Elizabeth II. verbringt hier regelmäßig ihre privaten Wochenenden und empfängt Staatsgäste. Wenn sie nicht da ist, können die *State Apartments* besichtigt werden. Beeindruckend sind nicht nur die Schätze der königlichen Möbel- und Porzellankollektion, hier hängt auch so ziemlich alles, was Rang und Namen hat. Nicht aufgeknüpft von der Decke, sonder golden gerahmt an der Wand: Meisterwerke von Rubens und Rembrandt, van Dyck, Holbein, Michelangelo, Raffael und Leonardo da Vinci. Selbst die Kugel, die Lord Nelson in der Trafalgar-Schlacht tötete, wird hier aufbewahrt.
Das Erscheinungsbild der heutigen Burganlage geht im Wesentlichen auf Eduard III. zurück, und Charles II. legte besonderen Wert auf die Wandlung von einer wehrhaften Burganlage in ein prunkvolles Wohnschloss. Eduard III. gründete hier auch im Jahre 1348 den weithin bekannten Hosenbandorden: *The Most Noble Order of the Garter*, den höchsten Orden des Landes. Anlass soll ein Fest gewesen sein, bei dem Eduard das Strumpfband einer Hofdame aufhob unter dem Gelächter der anwesenden Ritter. Schlagfertig wie er war, verkündete er sogleich, es wäre schon bald eine Ehre, solch ein Band zu besitzen als einer der 26 *Knights* des Hosenbandordens.
Windsor Castle ist in drei Trakte eingeteilt, den *Lower, Middle* und den *Upper Ward*. Man betritt die Anlage in der Regel durch das *Henry VIII. Gateway*, ein monumentales Torgebäude von 1511, und steht sogleich dem *Horseshoe Cloister* gegenüber, einem hufeisenförmigen Gebäude, das Heinrich IV. errichtet hat.

Erhabene Kapelle im Lower Ward

Daran schließt sich die St. George's Chapel an, die Ordenskapelle der Hosenbandritter, die dem Ordenspatron, dem heiligen Georg, geweiht ist. Hier sind zehn englische Herrscher und Königinnen beigesetzt: Georg V. und Königin Maria, Heinrich VIII. und Jane Seymour, Karl I., Heinrich VI., Eduard IV. mit Gemahlin und Eduard VII. mit Königin Alexandra. Die Kapelle ist zudem ein prachtvolles Beispiel für den *Perpendicular Style* mit dem fächerförmigen Deckengewölbe, dem Chor aus dem 15. Jahrhundert und dem aus Windsor-Eichen geschnitzten Gestühl. Banner, Wappen und Schwerter von 700 Ordensrittern verzieren den lichtdurchfluteten Raum und verleihen ihm eine erhabene Größe. Die anschließende Albert Memorial Chapel, reich ausgestattet mit Marmor, Glasmalereien und Mosaiken, wurde von Königin Victoria ihrem 1861 verstorbenen Prinz Albert gewidmet.

Staatstragender Weitblick

Im Zentrum des *Middle Ward* steht der *Round Tower*. Wer die 200 Stufen nicht scheut, kann den Turm erklimmen und dort oben von der Plattform aus den Ausblick auf Windsor, das Themse-Tal und die Skyline von London genießen. Unterhalb des *Round Tower* führt in nördlicher Richtung ein Übergang zur *North Terrace*, von der aus man ebenfalls einen

schönen Blick auf die Themse und das gegenüberliegende Eton hat. Wenn man dann den quadratischen *Upper Ward* betritt, eingerahmt von den *State*, den *Private* und den *Visitor Apartments* und flankiert von der *East Terrace* mit ihren hübschen Blumenbeeten, fühlt man sich im Zentrum der heute nur noch repräsentativen Macht angekommen. Im Osten und Norden wird Windsor Castle von einem Schlosspark umrahmt, in dem sich auch das Frogmore House and Mausoleum befindet. Hier ruhen Königin Viktoria und Prinz Albert. Das Haus ist allerdings nur an wenigen Tagen im Mai und im August für Besucher geöffnet. Verlassen sollte man Windsor Castle nicht, ohne einen Blick auf das große Puppenhaus von Königin Mary geworfen zu haben. Die Fertigstellung dauerte ganze drei Jahre, beschäftigte 1500 Handwerker und Künstler und hat selbstverständlich elektrisches Licht, fließendes kaltes und warmes Wasser nebst Toilettenspülung, höchst königlichen Komfort eben.

Brauerei und berühmtes College

Wer nach einer solch umfangreichen Besichtigung kein geeignetes Plätzchen in einem der schönen historischen Pubs findet, der kann am westlichen Ende des Bahnhofs von Windsor eine Brauereibesichtigung bei der Windsor & Eton Brewery unternehmen. Danach fällt dann auch der Spaziergang über die Themse-Brücke nach Eton leichter, um das berühmte Eton College zu begutachten, noch immer die vornehmste Schule des Landes. Wer allerdings nicht zu den Klassenbesten gehört, die ein Stipendium bekommen, muss jährlich rund 35 000 Euro an Schulgeld aufbringen. Das würde alternativ für lebenslange Besuche im Castle und der Brauerei sicher reichen.

PFERD UND STALLBURSCHE

Schon im 16. Jahrhundert stand hier in Windsor ein kleines Fachwerkhaus, das als mittelalterlicher Krämerladen diente. Die erste Ausschanklizenz geht zurück auf das Jahr 1719, ein gewisser Peter Tillier löschte zwei Jahre die durstigen Kehlen. Die Schänke hieß damals noch *Rose & Crown*, erst 1792 wurde der Name in *Horse & Groom* geändert. Warum man von Rose und Krone auf Pferd und Stallbursche wechselte, ist nicht überliefert. Eines aber steht fest: Der dem Tor Heinrichs VIII. gegenüberliegende historische Pub bietet alles, was man von einer traditionellen englischen »Wohnstube der Öffentlichkeit« erwartet. Gemütliche Atmosphäre, Kerzenlicht am Abend, im Winter ein großes offenes Kaminfeuer, *home cooked food, real ales* und *much fun*. Zudem ein guter Platz, um das *Changing of the Guard* zu beobachten. The Horse & Groom, 4 Castle Hill, Windsor, Berkshire SL4 1PD, Tel. +44/(0)1753-868488, www.horseandgroomwindsor.co.uk

WEITERE INFORMATIONEN

The Official Residences of The Queen, Ticket Sales and Information Office, London SW1A 1AA, Tel. +44/(0)20-77667300, www.royalcollection.org.uk
Websites: www.windsor.gov.uk
www.etoncollege.com
www.webrew.co.uk

Das moderne Einkaufszentrum Old George Mall im Herzen von Salisbury (oben) reicht bis ins Jahr 1314 zurück, als hier die Old George Inn errichtet wurde. Auch eine Vielzahl an Antiquitätenläden (unten) sind in einer der schönsten Kleinstädte Südenglands zu Hause. Die Hauptattraktion ist jedoch die frühgotische Kathedrale (rechte Seite).

25 Salisbury – Weltkulturerbe am Avon

Tower Tour in der Kathedralenstadt

Wer mitten im Dreieck zwischen Stonehenge, Bournemouth und dem New Forest National Park liegt, könnte es schwer haben, genügend Aufmerksamkeit zu bekommen. Für Salisbury trifft das glücklicherweise nicht zu. Die Stadt am River Avon kennt jeder in England, nicht zuletzt aufgrund einer Kathedrale, die zu den schönsten im Land gehört.

Salisbury ist die Hauptstadt der Grafschaft Wiltshire. Das allein wäre nicht weiter erwähnenswert, dennoch zeigt es den Stellenwert der rund 40 000-Einwohner-Stadt, die sich hinter den Unesco-Weltkulturerbestätten Stonehenge und Avebury nicht zu verstecken braucht. Im Mittelpunkt steht natürlich die Kathedrale von Salisbury, die zwei Superlative aufweisen kann. Sie ist umgeben von der größten Domfreiheit des Landes, und sie besitzt mit 123 Metern den höchsten Kirchturm Englands, der stolze 6500 Tonnen wiegt. Darüber hinaus gilt sie als das Vorzeigeobjekt der englischen Frühgotik. Man muss kein Anhänger gotischer Sakralarchitektur sein, doch angesichts dieser vollkommenen Ästhetik des Bauwerks und seiner Umgebung gerät jeder ins Schwärmen. So wie der berühmte Maler John Constable (1776–1837), der die Kathedrale und die Stadt immer wieder in seinen Bildern verewigt hat. Sie ist zudem eine äußerst lebendige Kathedrale, nicht nur wegen der Besucherscharen. Regelmäßige Ausstellungen bereichern die Gesamtatmosphäre, in den Kirchenschiffen gibt es Skulpturen wie die von Sean Henry zu sehen, können Künstler wie Antony Gormley, der auch für die Krypta der Winchester-Kathedrale eine wunderbare Skulptur geschaffen hat, ihre Installationen präsentieren. Kontemplation und neue Perspektiven, in der Salisbury-Kathedrale passt das perfekt zusammen.

Kathedrale mit Katze

Es gibt nur noch vier davon, und die am besten erhaltene Urschrift der *Magna Charta*, die im Jahr 1215 von König John Lackland (Johann Ohneland) besiegelt wurde, ist in der Salisbury-Kathedrale im Kapitelhaus zu bewundern. In dieser lateinischen Schrift werden erstmalig die Beziehung zwischen König und Untertanen schriftlich geregelt und Rechte und Pflichten festgelegt. Sie beschnitt die Rechte des Königs zugunsten der Kirche und der Untertanen und wirkt bis in die Gegenwart, ist die *Magna Charta* doch Grundlage vieler Demokratien, darunter der Verfassung der Vereinigten Staaten

An Markttagen wirkt die Altstadt von Salisbury heiter, Straßenmusiker verbreiten gute Laune (oben). Moderne Boutiquen und historische Bausubstanz (rechte Seite oben) gehen in der Old George Mall eine gelungene Verbindung ein (unten). Auch die Fußgängerbrücken über den River Avon tragen zum harmonischen Stadtbild bei (rechte Seite unten).

von Amerika und der Allgemeinen Erklärung der Menschenrechte.
Am 28. April 1220 wurde in New Sarum, dem heutigen Salisbury, der Grundstein für die Kathedrale gelegt, bereits 1266 waren Kirche, Kapitelhaus und Kreuzgang vollendet, eine äußerst kurze Zeit für ein Bauwerk dieser Dimensionen. Der Turm wurde von 1310 bis 1330 hinzugefügt. Anfangs dem Papst unterstellt, gehört sie nach dem Bruch Heinrichs VIII. mit der römisch-katholischen Kirche 1534 zur autonomen anglikanischen Kirche. Klare Formen, schlanke Säulen, ein dreischiffiges Langhaus, westliches und östliches Querschiff, helle Innenräume, quadratischer Chor und Altarraum, ein wunderschöner Kreuzgang und eine reich verzierte Westfassade kennzeichnen dieses bauliche Meisterwerk des Mittelalters. Dabei wird man immer wieder überrascht von ungewöhnlichen Details: Im südlichen Chorseitenschiff ist die Figur eines Affen zu erkennen, der gerade eine Nuss auf die Besucher der Sakristei zu werfen scheint. Am nordwestlichen Ende des Chors wird die Armlehne eines Sitzes von einer seltsamen Grille verziert. Und über der Säulenmauer gegenüber dem Eingang zum Kreuzgang entdeckt man ein mittelalterliches Graffiti in Form einer Katze. Ein Vorfahr der heutigen Kathedralenkatze Wolfie, wie Dudley Heather, *Head Guide* des Salisbury Cathedral, behauptet.

Tower-Tour und Domfreiheit

»Nein, ich habe keine Höhenangst, nur ein ganz kleines bisschen.« Der prüfende Blick von Dudley wechselt in ein mildes Lächeln: »Heruntergekommen sind noch alle.« Der auflockernde Scherz ist die richtige Einstimmung für die Cathedral-Tower-Tour, die man sich bei einem Besuch in Salisbury nicht entgehen lassen sollte. Man braucht keine besondere Kondition für die Turmbesteigung und die 332 gut begehbaren Stufen, denn selbst Dudley kommt gelegentlich ins Schnaufen, legt eine kleine Pause ein und erzählt eine weitere Anekdote aus der Entstehungsgeschichte der Kathedrale, die immer so lange dauert, bis alle Teilnehmer wieder genügend Luft geholt haben. Das ist ein besonderes Merkmal dieser außergewöhnlichen Besichtigung: »Wir haben an die 60 *Guides*, die hier in der Kathedrale Besucher führen, weil wir uns ganz gezielt auf die Wünsche der Menschen einstellen. Eine Tour wie vom Fließband soll es bei uns nicht geben«, macht Dudley glaubhaft. Die 90 Minuten dauernde Reise in die Höhe bietet nicht nur beeindruckende Einblicke in das Innere der Turmspitze, sie breitet auch ein faszinierendes Panorama der Stadt Salisbury und der sanften Hügel in der Umgebung vor dem Auge des Turmkletterers aus. »Wir hoffen, dass Ihnen Ihr Besuch bei uns gefällt und unvergesslich bleibt«, richtet June Osborne, Dekanin des Salisbury Cathedral das Wort an die Besucher. Spätestens hier oben bleibt da nur noch bewunderndes Kopfnicken, Höhenluft hin oder her.
Wieder unten angelangt, wirken die geräumigen Rasenflächen der Domfreiheit, teilweise noch ummauert und von Häusern der Würdenträger aus dem 16. bis 18. Jahrhundert eingerahmt, wie eine gemütliche Wohnstube. Man legt sich auf den Rasen, blinzelt nach oben und traut seinen Augen kaum. Doch der kleine blaue Sticker bestätigt einem,

die unvergessliche Salisbury-Tower-Tour wirklich bewältigt zu haben.

Markttag mit Museumsbesuch

Umso leichter fällt dann ein Spaziergang durch die Altstadt, vorbei an den schwarzweißen Fachwerkhäusern aus der Tudorzeit, an schicken Geschäften und kleinen Läden, die den Straßennamen alle Ehre machen: *Silver, Butcher* und *Fish Row*, selbst eine *Endless Street* darf da nicht fehlen. Besonders interessant sind die Markttage, wenn der *Market Place* vor lauter Ständen überquillt und man das *Poultry Cross*, das letzte von einst vier Marktkreuzen in Salisbury kaum mehr erkennt. Nicht ohne bereichernde Erkenntnis verlässt man die Räume des Salisbury and South Wiltshire Museum. In dem Gebäude aus dem 13. Jahrhundert am West Walk in der Nähe der Kathedrale befinden sich interessante Fundstücke zu Stonehenge und Old Sarum, Sammlungen zur Stadtgeschichte und Gemälde von Constable, Whistler und Turner.

Old Sarum und Wilton House

Auch William Turner hat Ansichten von Old Sarum auf der Leinwand festgehalten, jener grünen Hügellandschaft nur wenige Kilometer nördlich der Stadt, die schon in der Eisenzeit besiedelt wurde. Die Römer errichteten große Wälle, Sachsen waren hier und Normannen, die um 1077 Old Sarum zum Bischofssitz erkoren, ehe im 13. Jahrhundert der Niedergang begann. Den haben die Besitzer von Wilton House sicher nicht zu fürchten, der Stammsitz der Earls of Pembroke ist mit seiner Park-, Garten- und Wasserlandschaft und dem prunkvollen Herrenhaus ein beliebtes Ausflugsziel.

MIT VIKTORIANISCHEM FLAIR

Ein Haus, das aus der Zeit König Edwards VII. (1841–1910) stammt, ein schöner, lang gestreckter Garten mit einem Springbrunnen, angenehmer Lage am Rand der Kathedralenstadt Salisbury, geschmackvoll eingerichteten Zimmer: Im »Rokeby Guesthouse« haben Karen und Mark Rogers ein hübsches Gästehaus geschaffen, dem man die wechselvolle Geschichte nicht anmerkt. Im Jahr 1886 wurde die Erlaubnis erteilt, hier ein Haus zu errichten, 1901 war es fertiggestellt. Im Laufe der Zeit hat es die unterschiedlichsten Besitzer erlebt, von 1911 bis zum Ersten Weltkrieg diente es als Höhere Mädchenschule zunächst dem St. Mary's-, dann dem Ursulinen-Kloster. Karen und Mark übernahmen das Haus 2001, renovierten es von Grund auf zu einem B&B-Gästehaus mit viktorianischem Charme und modernen Annehmlichkeiten. The Rokeby Guest House, 3 Wain-a-Long Road, Salisbury, Wiltshire SP1 1LJ, Tel. +44/(0)1722-329800, www.rokebyguesthouse.co.uk

WEITERE INFORMATIONEN

Tourist Information Centre, Fish Row, Salisbury, Wiltshire SP1 1EJ, Tel. +44/(0) 1722-342860, www.visitwiltshire.co.uk
Websites: www.salisburycathedral.co.uk
www.salisburymuseum.org.uk

Schon der Name Stonehenge klingt nach Mystik. Als Foto mit der Liebsten (oben) oder als Gruppenmotiv mit der ganzen Familie (unten) ist es weltweit verbreitet. Die magische Anziehungskraft der mächtigen Blöcke ist ungebrochen (rechte Seite oben). Das White Horse von Cherhill wurde 1780 in die Grasnarbe geritzt (rechts unten).

26 Stonehenge – mystischer Steinkreis

Prähistorisches Wunderland in einsamer Ebene

Die berühmte prähistorische Weltkulturerbestätte Stonehenge bei Amesbury soll durch ein auf mehrere Jahre angelegtes Programm der *English Heritage* und weiterer Organisationen besonders geschützt und renaturiert werden. Dann wird Stonehenge wie zu alten Zeiten nur noch von Gras und Wiesen umgeben sein und den Besuchern wieder geheimnisvoller erscheinen.

So sollen die A303 und die A344, die teilweise direkt durch das unmittelbare Gebiet der Steinkreise führen, in Tunneln verschwinden und in etwa drei Kilometern Entfernung wartet seit 2014 ein neues Besucherzentrum mit Ausstellungsräumen, Theater, Museumsladen und Parkplätzen auf die Besucher. Das Gelände der bisherigen Besuchereinrichtungen wurde wieder in Wiesen verwandelt, um der gesamten Anlage ein Stück ihres ursprünglichen Erscheinungsbildes zurückzugeben. Das war auch dringend erforderlich, sonst wäre Stonehenge zum Rummelplatz verkommen. Mit jährlich über einer Million Besuchern stößt man bereits heute an vertretbare Grenzen. Viele sind ein wenig enttäuscht, wenn Stonehenge auf den ersten Blick so gar nicht mystisch erscheinen will, wie es einem immer wieder die Fernsehbilder vorgaukeln. Wer zur falschen Zeit kommt, schiebt sich in großen Gruppen um das Megalithdenkmal herum, lediglich stockend, wenn eine neue Station zum Knöpfchendrücken des Audio-Guides ermahnt oder weitgereiste Touristen den gesamten Familienclan gerade hier und jetzt zum Gruppenfoto vor den blau schimmernden Basaltsteinen aufstellen müssen. So ist es äußerst ratsam, Stonehenge in den frühen Morgenstunden oder eine halbe Stunde vor Einlassende zu besuchen, wenn die meisten Touristenbusse wieder in der einsamen Hochebene der Salisbury Plain verschwunden sind. Dann spürt man noch ein wenig von jener Faszination, die seit über 5000 Jahren von dieser Anlage ausgehen kann.

Bauen für die Ewigkeit

Stonehenge, das konnte durch modernste Datierungsmethoden eindeutig belegt werden, wurde in drei Bauphasen errichtet. Um 3000 v. Chr. bestand die Anlage aus dem heute noch sichtbaren Ringwall mit Graben und dem *Heel Stone* im Nordosten, der als Haupteingang diente. Innerhalb des Grabens entdeckte der Altertumsforscher John Aubrey (1626–1697) im 17. Jahrhundert 56 Gruben, die nach ihm benannten *Aubrey*

An Informationstafeln (oben), Souvenirshop und Besucherzustrom mangelt es in Stonehenge nicht. Das benachbarte Woodhenge (rechte Seite unten) ist nicht minder bedeutend, aber kaum von den Massen frequentiert. Rund 300 Meter Durchmesser weist der neolithische Steinkreis von Avebury auf (unten), er ist frei begehbar für Mensch und Tier.

Holes. In der zweiten Phase um 2600 v. Chr. wurden von den Siedlern der Glockenbecherkultur die schweren Basaltsteine aus Wales herantransportiert, aus denen ein doppelter Halbkreis im Zentrum der Anlage errichtet wurde. Diese Blausteine wurden in der dritten Bauphase zwischen 2000 und 1500 v. Chr. durch tonnenschwere Sarsensteine aus den Marlborough Downs ersetzt. Dazu wurden riesige Schlitten und Holzbahnen benötigt, mit denen die Findlinge über 30 Kilometer bis zu ihrem Endpunkt gerollt werden konnten. Daraus wurden dann die bis zu sieben Meter hohen Trilithe errichtet, bestehend aus zwei aufrecht stehenden Tragsteinen und einem mit Steinzapfen eingepassten Dachquerstein, die Stonehenge noch heute sein unverwechselbares Aussehen geben. Das Zentrum der Anlage ist dem Altarstein vorbehalten, auf dem sich genau zur Sonnenwende das Licht bricht.

Merlin und die Außerirdischen

Dabei ist Stonehenge so beeindruckend wie rätselhaft. Was hat es nicht schon alles für Theorien, Forschungen, Erklärungsversuche, Legenden und Spekulationen zu diesem Monument der menschlichen Frühgeschichte gegeben. Und es kommen regelmäßig weitere hinzu. Eine der neueren Theorien besagt, dass die Menschen, die Stonehenge erbauten, in einer Zeit fundamentaler gesellschaftlicher Umbrüche lebten. Es vollzog sich der Übergang vom Nomadentum zur Sesshaftigkeit, von der Jagd zum Ackerbau und zur Viehzucht, neue Formen des Zusammenlebens wurden geschaffen, die natürlich starke Götter brauchten. So soll Stonehenge den Zweck erfüllt haben, den Menschen die Furcht zu nehmen, indem die Druiden ihnen eindrucksvoll demonstrierten: »Seht her, ihr könnt euch auf die Sonne, den Mond und die Sterne verlassen, sie weisen uns den richtigen Weg.« Damit festigten sie ihre Macht und einigten ihr Gefolge. Oder war es doch Merlin der Zauberer, der die Steinblöcke von weit entfernten Landen über das Meer herbringen ließ? Oder von Außerirdischen, die einen Landeplatz für ihre UFOs markierten?

Fest steht jedenfalls, dass es eine Zeremonien- und Kultstätte war, die der Himmelsbeobachtung, einem Sonnen- und Opferkult diente, wahrscheinlich auch für Fruchtbarkeitszeremonien und vielleicht auch als Heilstätte genutzt wurde, eine Art »prähistorisches Lourdes«, wie es Archäologieprofessor Timothy Darvill von der Universität Bournemouth bezeichnete. Die Erbauer mussten über erstaunliche astronomische und mathematische Kenntnisse verfügt haben: Eine direkte Linie führt vom Fersenstein über Prozessionsallee und Opferstein zum inneren Steinkreis mit dem Altarstein und der genau am 21. Juni, dem Tag der Sommersonnenwende, aufgehenden Sonne.

Hügelgräber und Menschenopfer

Allein in einem Umkreis von fünf Kilometern rund um Stonehenge wurden fünfzehn Hügelgräber, die sogenannten *Long Barrows*, entdeckt, mehr als in jedem anderen Gebiet dieser Größenordnung. Sie haben eine Länge von über 20 bis zu 80 Metern, die Breite beträgt zwischen einem Sechstel und einem Drittel der Länge. Ihre ursprüngliche Höhe betrug drei Meter. In ihnen konnten ganze Clans, aber auch in Einzelgräbern hochrangige Personen beerdigt werden. Sie stammen aus der Zeit zwischen 4000 und 3000 v. Chr., belegen damit, dass Stonehenge schon vor seiner Errichtung ein heiliger Ort war.

Auch das drei Kilometer nordöstlich gelegene Woodhenge ist einen Besuch wert, nicht nur, weil es ohne Eintrittskarte betreten werden kann und man frei umherlaufen darf. Dieser Ort war eine Art »hölzernes Stonehenge«, wurde um 2300 v. Chr. erbaut und diente als Tempel für Stammesversammlungen und Opferrituale. Ein Schauer läuft einem über den Rücken, wenn man vor dem Feuerstein im Zentrum steht, der die Stelle markiert, an der das Skelett eines dreijährigen Kindes mit gespaltenem Schädel gefunden wurde. Einer der seltenen Beweise für Menschenopfer im Britannien der Jungsteinzeit. Auch Äxte aus Kreidesteinen hat man hier bei Ausgrabungen gefunden.

Feiern mit den Druiden

Ob nun geheimnisvolle Kräfte von Stonehenge ausgehen oder nicht, die Anziehungskraft ist ungebrochen. Esoteriker und Druiden der Neuzeit werden besonders zur Winter- und Sommersonnenwende von Stonehenge magisch angezogen, feiern hier mit Zehntausenden Schaulustiger ihre manchmal absonderlich wirkenden Rituale. Vor rund 25 Jahren kampierten die New-Age-Jünger danach noch wochenlang rund um das Gelände. Das nahm solche Ausmaße an, dass Wissenschaftler in Sorge um die zahlreichen kleineren Monumente im Umkreis Alarm schlugen, die Polizei einschritt und die Veranstaltung auflöste. Seit dem Jahr 2000 darf wieder gefeiert werden, vertraut *English Heritage* auf das System des *Managed Open Access*, das auch bisher zu funktionieren scheint.

ZURÜCK ZUR ERDE IM »STONEHENGE INN«

Wer vor lauter Stonehenge-Mystik dringend Bodenhaftung sucht, wird in Woodhenge wieder geerdet. Kein Tickethäuschen, kein Museumsshop, keine Drehkreuze am Eingang und keiner, der einem sagt, was man darf und was zu unterlassen ist. Wohltuende Ruhe umgibt den Ort, nur wenige Besucher verirren sich hierher. Dafür tut das Sich-frei-bewegen-Dürfen an und in dieser nicht minder bedeutenden prähistorischen Stätte besonders gut. Derart auf den Boden zurückgeführt, braucht man nur noch die Straße zu überqueren, die in den kleinen Ort Durrington führt, und sich im »Stonehenge Inn« stärken. Das typische englische Landgasthaus überzeugt mit gemütlicher, freundlicher Atmosphäre, Hausmannskost und einer großen Getränkeauswahl. Die Tradition reicht bis ins Jahr 1897 zurück, als die Pferdekutscher mit ihren Gespannen hier bereits haltmachten. The Stonehenge Inn, Durrington, SP4 8BN, Tel. +44/(0)1980-655253.

WEITERE INFORMATIONEN

Stonehenge, Amesbury, Wiltshire SP4 7DE, Tel. +44/(0)870-3331181, www.english-heritage.org.uk/stonehenge
Websites: www.stonehenge.co.uk
www.nationaltrust.org.uk/avebury

Die Gärten von Stourhead gelten zu Recht als Gesamtkunstwerk. Höhepunkt jeder Entdeckungsreise durch die Anlage ist das Pantheon (oben), dem römischen Vorbild nachempfunden. Skulpturen von Flussgott und Nymphe zieren die Grotte (unten), und an einem warmen Sommertag zieht es die Familien zum Picknick auf die Wiesen (rechte Seite unten).

27 Stourhead – Gartenkunst pur

Ein Hurra auf die Hoare-Familie

Auch in vergangenen Jahrhunderten konnte man im Bankenwesen ein beachtliches Vermögen verdienen. Henry Hoare jun. (1705–1785), der »Prächtige« genannt, wurde, wie sein Vater, durch Kreditvergaben an adlige Zeitgenossen sehr reich. Nach einer Studienreise durch Italien begann er 1743 mit der Anlage eines Landschaftsgartens, der als Krone der englischen Gartenbaukunst gilt.

Henry Hoare sen. (1667–1725), der Gründer eines Bankhauses in London, kaufte das gesamte Anwesen südwestlich der historischen Kleinstadt Warminster in Wiltshire im Jahr 1717. Zwischen 1721 und 1724 ließ er von Colen Campbell (1676–1729), einem der Begründer des georgianischen Baustils, ein neues, klassizistisches Herrenhaus auf einem Hügel entwerfen. Als Vorbild dienten die italienischen Villen Andrea Palladios. Den Landschaftspark gestaltete dann sein Sohn Henry Hoare jun. ab 1743 in einem Zeitraum von rund drei Jahrzehnten.

Eine Landschaft wie ein Gemälde

Der kleine Fluss Stour blinzelt in der Sonne, um noch einmal auf sich aufmerksam zu machen, bevor er sich in den See ergießt. Das muss er auch, denn hier breitet sich rund um den See ein gartenarchitektonisches Märchenland aus, das die Blicke auf sich zieht wie kein anderes. Es ist heiß, die Sonne steht hoch, die Bienen umschwärmen die Rhododendren und ihre süß duftenden Blüten, als seien sie betört von Farbenpracht und Artenvielfalt. Die kleine Statue am Wegesrand könnte ebenso ein guter Waldgeist sein, der den Wanderern den rechten Weg zeigt. Zumal man sich in einem Gebiet von mehreren 100 Hektar an Wäldern, Hügeln und Tälern schon einmal verlaufen kann. Was nicht weiter schlimm wäre, denn einen der Gärtner und guten Geister in Stourhead trifft man sicherlich, die hier den wohl berühmtesten Landschaftsgarten des Landes pflegen.

Das wunderbare Areal, ein Refugium aus uralten Bäumen aus aller Welt, sanft geschwungenen Uferpartien um den acht Hektar großen, aufgestauten See, italienischen Gartenelementen wie Grotten und Wasserfällen, Eremitagen und keltischen Symbolen, einer Palladianischen Brücke, Pantheon und Tempel des Apollo – alles scheint malerisch komponiert und als eine Hommage an die antiken Götter und Helden gestaltet zu sein. Tatsächlich hat sich Hoare junior von den klassischen

Landschaftsgemälden eines Claude Lorrain und der Dichtkunst Vergils leiten lassen. Es mussten zwar Teile des Dorfs weichen, dafür aber bekamen die Einwohner die Integration in das Gesamtkunstwerk Stourhead praktisch geschenkt. Und den 50 Meter hohen *King Alfred's Tower*, zu Ehren Alfreds des Großen (847–899), König der Angelsachsen, obendrauf.

Ein Haus wie ein Gedicht

Als Besucher ist man geneigt, sich von der idealisierenden Anziehungskraft, dem Sinnbild englischer Landschaftsarchitektur, so blenden und gleich auf den Rundweg um den See ziehen zu lassen, dass mancher Stourhead House und die ummauerten Gärten verpasst, die sich rechts vom Eingang auf dem Hügel verstecken. Schon die großen Säulen am Haupteingang sind beeindruckend, genauso wie das Mobiliar der Bibliothek, das von keinem Geringeren als Thomas Chippendale stammt. In der Gemäldegalerie sind Werke von Canaletto, Poussin, Raffael und der schweizerisch-österreichischen Malerin des Klassizismus, Angelika Kauffmann, zu sehen. Anschließend setzt man sich mit einer Gedichtausgabe des englischen Romantikers John Keats (1795–1821) auf die Gartenbank und liest in der *Ode an eine Nachtigall*: »Ich kann nicht sehen, welche Blumen mir zu Füßen, noch welch linder Weihrauch in den Zweigen hängt, doch im balsamischen Dunkel ahne ich jene Süße, die der Jahrzeit Monat dem Grase, dem Gebüsch und dem wilden Obstbaum schenkt.« Das Postulat von Alexander Pope (1688–1744), englischer Dichter des Neoklassizismus, »*All gardening is landscape-painting* – Alles Gärtnern ist Landschaftsmalerei«, wurde in Stourhead perfekt umgesetzt. Das Erstaunlichste daran ist aber, dass man die künstlerische Hand nicht als künstlich empfindet.

AFFENSTARKES LONGLEAT

Löwe, Tiger, Elefant, Rhinozeros, Affe und Giraffe in Wiltshire? Nein, das ist keine Fata Morgana, sondern der Safaripark von Longleat, der größte private Park seiner Art in Europa. Der Blick auf das elisabethanische Longleat House ist überwältigend. Umgeben von Wiesen und Wäldern, See und einem kleinem Fluss, liegt es da wie hingemalt. Seit über 450 Jahren befindet sich das Anwesen im Besitz der Thynne-Familie. Der 6. Marquis of Bath, Henry Thynne, öffnete das Haus 1949 für das Publikum, das seitdem in das Schloss, die Parks von Capability Brown und per Auto durch das Safarigebiet strömt. Die wertvolle Innenausstattung und Räume mit Gobelins, Gemälden, die Bibliothek und selbst Teile der privaten Apartments mit den Wandgemälden des derzeitigen Besitzers Alexander Thynne, dem 7. Marquis of Bath, können besichtigt werden. Longleat House and Safari Park, Warminster, Wiltshire BA12 7NW, Tel. +44/(0)1985-844400, www.longleat.co.uk

WEITERE INFORMATIONEN

Stourhead House and Gardens, Stourton, Warminster, Wiltshire BA12 6QF, Tel. +44/(0)1747-841152, www.nationaltrust.org.uk/stourhead
Websites: www.warminsterinfocentre.co.uk
www.stourhead.org

Die Royal West of England Academy in Bristol (unten) ist eine von nur fünf königlichen Akademien im Lande, seit 150 Jahren bietet sie hochwertige Kunstausstellungen und Kurse an. Auch das frisch renovierte Hafengebiet zieht die Menschen an (oben). Die SS Great Britain (rechte Seite unten) wird in einem eigenen modernen Becken präsentiert.

28 Bristol – maritime Geschichte

B wie Brunel in Bristol

Die maritime Geschichte Bristols reicht bis ins 11. Jahrhundert zurück, als man lebhaften Seehandel mit Irland betrieb. Der *Anglo-Saxon Chronicle* von 1051 belegt die Bedeutung des Hafens. Auch heute noch spielen er und Isambard Kingdom Brunel (1806–1859) eine große Rolle. Der Ingenieur baute mit der »SS Great Britain« und der Hängebrücke über den Avon zwei Wahrzeichen der Stadt.

Der Ruf war früher nicht der beste. Bewegte Piratengeschichte, Verwicklung in den Sklavenhandel, großer Industriehafen … man kann sich ein besseres Image für eine Stadt vorstellen. Doch das heutige Bristol kommt ganz anders daher, wirkt zwar noch immer geschäftig, aber wesentlich freundlicher, weltoffener und lebensfroher als im 17. und 18. Jahrhunderts. Damals erlebte die Stadt zwar ihre »Blütezeit«, der Wohlstand aber beruhte nicht zuletzt auf dem afrikanischen Sklavenhandel.

Mit »Emily« durch den Hafen

Heute ist die Universitätsstadt Bristol das wichtigste Einkaufszentrum des englischen Südwestens mit über 500 Läden, zwei überdachten Shoppingcentern, darunter der imposante Cabot Circus mit seinem großen Glasdach und allein über 50 Cafés, die zum Verweilen einladen. Die Fußgängerzonen rund um den Hafen, ein großes Kinozentrum oder die Konzerthalle Colston Hall, die gerade umfassend renoviert und ausgebaut wurde: In Bristol, der nach London zweitgrößten Stadt Südenglands, kommt keine Langeweile auf, werden wieder wie in den 90er-Jahren Trends in der Mode-, Musik- und Kreativbranche gesetzt.
Verschiedene Hafenrundfahrten mit der Bristol Ferry Boat Company gehören natürlich auch zum Unterhaltungs- und Kulturangebot. Die in Bristol gebauten Schiffe genossen Weltruf, wurden sie doch aufgrund der geografischen Lage und der extremen Ebbe- und Flutbedingungen des River Avon aus den besten Materialien und von den besten Ingenieuren konstruiert und gebaut. Eine Hafentour mit einer kleinen Barkasse wie der »Emily« macht Spaß und zeigt Bristol in seiner ganzen maritimen Fülle.
Dabei taucht immer wieder ein Name auf, der mit Bristol untrennbar verbunden scheint: »SS Great Britain« und Isambard Kingdom Brunel. Der Chefingenieur der Bristol-Docks baute hier mit der »Great Britain« das erste, schraubengetriebene Dampfschiff mit Eisenrumpf der Welt, das den Atlantik überquerte. Es galt

bei seinem Stapellauf im Jahr 1843 als das luxuriöseste Fracht- und Passagierschiff seiner Zeit. Vor Kap Hoorn wurde es 1886 in einem Sturm schwer beschädigt, danach diente es bis 1933 auf den Falkland-Inseln als Kohlelager und rostete dann in Sturm und Regen vor sich hin, bis man es 1970 nach Bristol heimholte und mit großer Liebe zum Detail restaurierte. 2010, zum 40. Jahrestag des *Homecoming*, wurde in der alten Dampfmaschinenfabrik Brunels ein hochmodernes Besucherzentrum eröffnet, das als eines der weltweit besten Museen der letzten Dekade ausgezeichnet wurde. Die unter Wasser begehbaren Rumpfbereiche des majestätischen Schiffs sind einmalig.

Skurriles Bristol

Brunel hat in Bristol mit der *Suspension Bridge* ein zweites Meisterwerk geschaffen. Die Hängebrücke im Vorzeigevorort Clifton, 80 Meter über dem Avon schwebend, gehört als Wahrzeichen heute zu Bristol wie das Opernhaus zu Sydney. Die von zwei Türmen getragene, über 240 Meter lange Brücke wirkt trotz ihrer Ausmaße verspielt und wie von Kinderhand gezeichnet. Echt schrullig dagegen zeigt sich Bristol am St. Nicholas Market in der Altstadt, wenn sich die unabhängigen Einzelhändler der Stadt versammeln und ein Feuerwerk an Trendklamotten, Kunsthandwerk und *Slow Food* anbieten. Spannend-skurril ist auch ein *Bristol Pirate Walk* mit Pirat Pete. Der einstündige Spaziergang führt durch das historische Hafenviertel, eingeschlossen so manche Spelunke von Long John Silver und Blackbeard. Man sollte dabei die Augen offen halten, vielleicht erhascht man ja in einem Hinterhof einen Blick auf Banksy, jenen weltberühmten *Graffito and Street Artist*, der aus Bristol stammen soll und der seine Identität bis heute geheim halten konnte.

WELLNESS IM LIDO

Mit dem Lido-Revuetheater in Paris hat das Lido in Bristol nur wenig gemein. Auch wenn das Pariser Varieté in einem ehemaligen Schwimmbad errichtet wurde, geschwommen wird dort nicht mehr. Und der Oakfield Place im Stadtteil Clifton ist auch nicht mit den Champs-Élysées zu vergleichen. Dennoch gibt es auch im Lido Bristol vorzügliche Genüsse: Im geheizten Freilichtpool kann man sich beim *Pre-dinner-swim* den richtigen Appetit holen, der danach im Lido-Restaurant im ersten Stock mit mediterraner Küche gestillt wird. Mit einem anschließenden Saunagang, einer Massage oder Spa-Behandlung verliert man die überschüssigen Kalorien, betritt nach der Beauty-Behandlung wie ein neuer Mensch die Straße und flaniert die Champs-Élysées, pardon, die Queens Road entlang.
Lido, Oakfield Place, Clifton Bristol BS8 2BJ,
Tel. Rezeption +44/(0)117–9339530,
www.lidobristol.com

WEITERE INFORMATIONEN

Tourist Information Centre Harbourside,
E-Shed, 1 Canons Road, Bristol BS1 5TX,
Tel. +44/(0)333-3210101,
www.visitbristol.co.uk
Websites: www.ssgreatbritain.org
www.bristolferry.com
www.colstonhall.org

29 Elegantes Bath – Genussbaden wie die Römer

Ah wie angenehmes Bath

Eine ganze Stadt wird zum Weltkulturerbe erklärt, wie Florenz oder Salzburg. Ein hochmodernes Thermalbad schmiegt sich harmonisch in ein einzigartiges Architekturensemble mit georgianischen Häusern, Plätzen und Renaissancebauten, wie es in Großbritannien kein zweites gibt. Eine beeindruckende Vielfalt an Museen und bestens erhaltene römische Bäder: Bath ist ein Juwel.

Bath bietet mit dem Dachpool des Thermalbades moderne Wellness in historischen Mauern (rechte Seite unten). Die römischen Bäder (oben) wurden Mitte des 18. Jahrhundert wiederentdeckt, auch die palladianische Häuserzeile des Royal Crescent (unten) entstand im gleichen Jahrhundert. Die Pulteney Bridge (rechts) führt über den River Avon.

Die Stadt Bath liegt, eingerahmt zwischen den Cotswolds und den Men dip Hills, am Fluss Avon und besitzt die einzige heiße Quelle des Landes. Täglich sprudeln hier in den römischen Bädern 1,2 Millionen Liter des 46 Grad warmen Wassers mit 43 verschiedenen Mineralien aus 3000 Metern Tiefe hervor. Dieses Wasser fiel vor rund 10000 Jahren auf die Hügelkette der Mendips, versickerte bis in 4300 Meter Tiefe, erhitzte sich auf bis zu 96 Grad und bahnt sich seitdem, angereichert mit wertvollen Mineralien und Spurenelementen, durch das Kalkgestein seinen Weg nach oben.

In Bath bildet es die Grundlage einer prosperierenden Stadtentwicklung, zieht die Besucher in die historischen römischen und die modernen Thermalbäder und verleiht der Stadt den Charakter eines vornehmen Kurorts. Drei Persönlichkeiten verdankt Bath im 18. Jahrhundert seinen Aufstieg zur angesagtesten Kurstadt in Europa: Richard »Beau« Nash (1674–1762) schwang sich zum Zeremonienmeister der feinen Gesellschaft auf,

der vermögende Ralph Allen (1693–1764) kaufte die umliegenden Steinbrüche, und zusammen mit dem Architekten John Wood (1704–1754) verwirklichte er seine Vision einer goldgelb glänzenden Stadt wie zu Zeiten eines Kaisers Augustus.

Bäder, Wohlfühltempel und Museen

Mitten im Zentrum von Bath liegen die römischen Bäder, zweifelsfrei die Hauptattraktion in der Stadt. Noch immer sprudelt die heiße Quelle, noch immer kann man auf den Steinplatten wandeln, auf denen schon die Römer 100 n. Chr. sich entspannten, und im *Pump Room* das Heilwasser kosten. Als ideale Ergän-

zung fungiert der 2006 eröffnete Wellness-Tempel des »Thermae Bath Spa« gleich um die Ecke. Auf dem Dachpool angekommen, bietet sich hier eine faszinierende Aussicht auf das historische Bath und seine Umgebung.
Museumsnächte sind inzwischen ja eine beliebte Abwechslung. Nicht ohne Grund wurde in Bath 2011 gleich ein ganzes »Jahr des Museums« ausgerufen, findet man hier doch eine außerordentliche Palette an Museen der verschiedensten Art. Das neu eröffnete Holburne Museum of Art in einem der schönsten georgianischen Gebäude der Stadt zeigt Kunstwerke vom 18. bis zum 20. Jahrhundert, die Building of Bath Collection die Architekturgeschichte, Fashion Museum, Post Museum, Museum für Ostasiatische Kunst, das American Museum in Britain, das Herschel Museum der Astronomie – die Liste erscheint unendlich, schließlich will man ja zwischen den wohltuenden Bädern auch etwas für die Erbauung des Geistes tun.

Jane Austen und Sally Lunn

Nicht nur die drei Gentlemen Nash, Allen und Wood haben Bath bekannt gemacht, auch zwei Ladies tragen zum Ansehen wesentlich bei. Da ist zum einen Jane Austen (1775–1817), die hier von 1801 bis 1806 gelebt hat und ihre Romane *Überredungskunst* und *Die Abtei von Northanger* schrieb und der in der Gay Street ein Museumszentrum gewidmet ist. Auch im *Regency Tea Room* im ersten Stock fühlt man sich zurückversetzt ins 18. Jahrhundert.
Einen wahren Schmaus für Augen und Gaumen findet man im ältesten Haus der Stadt, das 1482 errichtet wurde. Hier erfand die junge französische Hugenottin Solange Luyon im Jahre 1680 ein locker-leichtes Gebäck, das als *Sally Lunn's Bun* weltberühmt wurde. Von Generation zu Generation weitergegeben, werden noch heute die leckeren Buns nach dem Originalrezept in diesem Haus gebacken, das auch ein kleines Museum im Keller bietet.

AUF IN DIE TURMUHR-HÖHE

Zweihundertzehn, zweihundertelf, zweihundertzwölf – geschafft! Wer die Stadt einmal aus der Vogelperspektive sehen will, muss die 212 Stufen der Bath Abbey erklimmen und wird dann nicht nur mit atemberaubenden Ausblicken auf das alte und neue Bath belohnt, er bekommt auch interessante Geschichten erzählt über die Entstehung der Abteikirche, die Glocken und die Turmuhr. Die Führung dauert eine dreiviertel Stunde, danach steigt man hinab wie die Engel von der Himmelsleiter neben dem großen Fenster an der Westfassade, fühlt sich geläutert und bereit für die weltlichen Genüsse in Bath, die überall in der Altstadt auf einen warten. Bath Abbey, 12 Kingston Buildings, Bath BA1 1LT, Tel. +44/(0)1225-422462, www.bathabbey.org

WEITERE INFORMATIONEN

Tourist Information Centre, Abbey Chambers, Abbey Churchyard, Bath BA1 1LY, Tel. +44/(0)844-8475257, www.visitbath.co.uk
Websites: www.romanbaths.co.uk
www.thermaebathspa.com
www.sallylunns.co.uk
Hotelempfehlung: Brooks Guesthouse, 1 Crescent Gardens, Bath BA1 2NA, Tel. +44/(0)1225-425543, www.brooksguesthouse.com

Bournemouth war vor 200 Jahren noch ein unscheinbares Nest, heute fühlen sich vor allem junge Familien vom Strandleben angezogen (oben). Auch das Oceanarium ist ein beliebtes Museum zu allen Weltmeeren (unten). Während die Älteren den Tag mit Lektüre verbringen (rechts), übt sich der Nachwuchs im Wasser-Wandeln (rechte Seite unten).

30 Bournemouth – Seebad mit Charme

Dreigestirn der Gastlichkeit

Ein zehn Kilometer langer Sandstrand, weitläufige Parks und Gärten, dazu ein großes Angebot an Clubs, Discotheken, Restaurants und Einkaufsmöglichkeiten ergibt: Bournemouth, eines der traditionellsten Familienseebäder Englands. Mit den zusammengewachsenen Orten Poole im Westen und Christchurch im Osten bildet man ein abwechslungsreiches Seebadresort mit ausgeprägter Partyszene.

Mehr als fünf Millionen Gäste jedes Jahr können nicht irren, Bournemouth zählt zu den beliebtesten Seebädern an Südenglands Küsten. Der goldgelbe Sandstrand mit dem in der Sonne glänzenden weißen Pier zieht Besucher in Scharen an. Wer Hafenatmosphäre sucht, wird im benachbarten Poole fündig; und selbst für jene, die mehr Beschaulichkeit brauchen, ist mit dem kleinen Hafenstädtchen Christchurch ein geeigneter Platz vorhanden. Viele Sprachschüler/innen, Familien und Partygänger machen Bournemouth zu einer jungen Stadt, die ihr viktorianisches Erbe pflegt und die über ein breites kulturelles Angebot verfügt.

Gärten, Grusel und Gags

Da ist an erster Stelle die Russell-Cotes Gallery zu nennen, die in einer wunderschönen viktorianischen Villa untergebracht ist und die man sich schon allein wegen des Interieurs ansehen sollte. Die Gemäldesammlung und vor allem das Kunsthandwerk aus aller Welt zeugen

von der weitgereisten wohlhabenden Familie. Auch hier ist der Blick über die Gärten auf das im Sommer azurblaue Meer faszinierend.
Gerade die Parks und Gärten, die sich durch die Stadt ziehen wie ein grünes Band, verleihen Bournemouth einen verspielt heiteren Charakter. Ob *Central, Lower* oder *Italian Gardens*, überall verzieren Blumen, Palmen und Stauden den Anblick der weißen und bunten Häuser und Villen. Auf der langgezogenen Promenade oben auf den Klippen oder unten am Strand gehen die Eltern spazie-

ren, während die Kinder im Oceanarium die Fische aus allen Meeren bewundern. Zum Lunch oder Dinner findet man sich im »West-Beach« ein, dem in Bournemouth beliebtesten *Seafood Restaurant* direkt am Strand.

Doch auch für Gruselfans und Freaks gibt es etwas in Bournemouth zu entdecken. Auf dem Friedhof der St. Peter's Church liegt Mary Shelley (1797–1851) begraben, die Autorin des Gruselromans *Frankenstein* – buddeln verboten. Ab und an ziehen durchaus gruselige Gestalten durch Bournemouth, als Teufel, Geister, Nonnen und Hexen verkleidete Gruppen junger Frauen und Männer, die ihren Junggesellenabschied feiern. Die Kostümierung ist eher ein Gag als eine Vorahnung, was sie erwarten könnte.

Poole, Christchurch und Aruba

Die Bucht von Poole, nach Sydney zweitgrößter natürlicher Hafen der Welt, ist für Segler, Surfer und Wassersportler ein Paradies. Im historischen Ortskern mit seinen denkmalgeschützten Häusern und gemütlichen Pubs kommt noch längst vergangen geglaubte Seeräuberatmosphäre auf. Und jedes Jahr im Mai findet in Christchurch ein viel beachtetes *Food & Wine Festival* statt, geben sich hier doch die Spitzenköche des Landes ein Stelldichein. Märkte, auf denen gekostet wird, was der Hosenbund noch verträgt, Jazznachmittage, *Afternoon Tea Events* und Kochwettbewerbe verwandeln den ansonsten beschaulichen Ort in einen großen *Melting Pot*. Wer zu viel geschlemmt hat, leistet Abbitte in der Christchurch Priory. Die mächtige Kirche in der Nähe des Segelhafens wurde im 12. Jahrhundert von Augustinermönchen fertiggestellt. Und ist so gerüstet für eine weitere Club Night – wie wäre es, als Pirat verkleidet, im »Aruba« direkt am Bournemouth Pier?

HOCH AUF DEN KLIPPEN

Wenn ein größeres Hotel unter das Dach einer weltweit agierenden Kette schlüpft, muss das nicht gleich zu Uniformität und Markenlangeweile führen. Es gibt Häuser wie das »Highcliff Hotel Bournemouth«, die ihren einzigartigen Charakter behalten und trotzdem noch an Qualität hinzugewinnen. Das war auch zu erwarten, denn das Haus hat Geschichte. Im Jahre 1874 als »Highcliffe Mansions« eröffnet, hat es einige Besitzer erlebt und war immer besonders bei Politikern und Prominenten beliebt. Ob Winston Churchill, Harold Wilson und John Major, Margaret Thatcher oder Tony Blair, alle haben hier Parteitage abgehalten und die Gastfreundschaft gelobt. Die ist noch heute von unaufdringlichem Charme geprägt, die spektakulären Aussichten auf das Meer sind einzigartig an der Südküste.
Highcliff Marriott Hotel, St. Michael's Road, Bournemouth BH2 5DU,
Tel. +44/(0)1202-557702,
www.bournemouthhighcliffmarriott.co.uk

WEITERE INFORMATIONEN

Tourist Information Centre, Westover Road, Bournemouth, Dorset BH1 2BU,
Tel. +44/(0)845-0511700,
www.bournemouth.co.uk
Websites: www.russell-cotes.bournemouth.gov.uk
www.pooletourism.com

31 Jurassic Coast – Reise in die Vorzeit

Von Schmugglerbuchten und Dinospuren

In den Grafschaften West Dorset und East Devon warten an der Jurassic Coast unvergleichliche Naturerlebnisse auf die Besucher. Der Küstenabschnitt zwischen der Studland Bay nördlich von Swanage und Exmouth gehört zum Unesco-Weltnaturerbe und ist ein Paradies für Wanderer, Geologen und Naturbeobachter, die zurückversetzt werden in die Welt des Trias, des Jura und der Kreidezeit.

Es gibt Leute, die stellen erschreckende Dinge in England fest. Man stelle sich vor, der Teekonsum ist in den letzten Jahren um 15 Prozent gesunken. Die britische Gesellschaft ist in Gefahr. Werden wir ein Land der Cappuccinos? Wo bleibt das unverwechselbare Bergamotte-Geschmackserlebnis unseres geliebten Earl Grey? Schon George Orwell bezeichnete den Tee als »eine Hauptstütze der Zivilisation in unserem Land«. Das war wohl als Mahnung gedacht, denn so manches hat er ja kommen sehen. Die erwähnten Umfragen zum Teekonsum müssen allerdings an den Grafschaften Dorset und Devon vorbeigegangen sein, denn hier gibt es noch immer an fast jeder Ecke gemütliche kleine Teestuben mit Gebäck, Schlagsahne und Erdbeeren neben zwanzig verschiedenen Teesorten auf der Tageskarte. Und der Tee ist kräftig und würzig wie das Land selbst.

Rolling Hills heißt es hier, doch schwungvoll ging es schon in prähistorischen Zeiten zu. Warum auch sonst sollte man seine spektakuläre, 155 Kilometer lange Küste »Jurassic Coast« nennen? Doch nicht der Name, eher die geologischen Besonderheiten der Region haben ihr 2001 den Status des Unesco-Weltnaturerbes eingebracht.

Unvorstellbare 200 Millionen Jahre Erdgeschichte gibt es hier zu entdecken. Steile und flache Küstenabschnitte wechseln sich ab mit lang gezogenen Sandstränden und versteckten Buchten wie Durdle Door und Ringstead Bay, die lange Zeit von Schmugglern als sichere Verstecke benutzt wurden. Heute liegen die Landschaft, die Felsen und kleinen Dörfer da wie ein offenes geologisches Buch, kann man auf Küstenpfaden wie am Anvil Point herrlich wandern, bei Kimmeridge und Lyme Regis Fossilien suchen oder Dinosaurierspuren in Purbeck und Portland entdecken.

Swanage und Corfe Castle

Hinzu kommt eine große Vielfalt an hübschen Dörfern und Kleinstädten, die sich an der Küste entlangziehen wie Perlen an einer Kette. Die Jurassic Coast beginnt in

Der 43 Meter hohe Portland Bill-Leuchtturm (oben) hilft seit dem frühen 18. Jahrhundert den Schiffen dabei, die Halbinsel zu umfahren, ohne Schiffbruch zu erleiden. Fossiliensammeln und Strandangeln gehört an der Jurassic Coast am Durdle Door zu den beliebten Freizeitaktivitäten (unten). Einfach wunderbar: die Jurassic Coast (rechte Seite).

Ob mit dem Paddelboot (oben) oder per pedes, Orte wie Lulworth an der Jurassic Coast (unten) sind vom Wasser aus oder zu Lande gleich faszinierend. Die alte Dampflokomotive der Swanage Steam Railway schnaubt über die Isle of Purbeck (rechts oben), nur ein kleiner Anstieg und die Lulworth Cove liegt vor einem (rechte Seite).

der Studland Bay am South Haven Point. Hier startet auch der 1000 Kilometer lange und wunderbar in Teilstrecken zu wandernde South-West-Küstenpfad. Hinter den Old Harry Rocks taucht Swanage auf, ein beschauliches Seebad mit 9000 Einwohnern, das über einen leicht ins Meer abfallenden Sandstrand verfügt, der besonders bei Familien mit kleinen Kindern beliebt ist. Außerdem schnauft es in Swanage. Nein, kein vergessener Dinosaurier aus der Kreidezeit vor 140 Millionen Jahren streift hier durch den Ort, es ist die Dampflokomotive der *Swanage Steam Railway*, mit der man landeinwärts zum Corfe Castle tuckern kann. Die märchenhafte Ruine auf dem grünen Hügel über dem malerischen Ort Corfe stammt aus dem 11. Jahrhundert. Corfe war einst das Zentrum der Purbeck-Marmor-Verarbeitung, nach dem die Halbinsel auch benannt ist. Von Swanage aus wurden die schwarzen, muschelhaltigen Sandsteine, die poliert wie Marmor glänzen, im 19. Jahrhundert bis ins boomende London verschifft.

Portland und West Bay

Zwischen der Kimmeridge Bay und Durdle Door, einer spektakulären Bucht und Felsformation, die sich wie ein Tor ins Meer hinein öffnet, findet man Jura- und Kreidefelsformationen, fossile Höhlen, Wellenvertiefungen und Kalksteinfragmente. Untersuchungen haben gezeigt, dass sie 150 Millionen Jahre und älter sind und dass hier einst ein tropisches Klima herrschte wie auf den Bahamas. Das Wetter entlang der Jurassic Coast kann zwar manchmal ganz schön stürmisch sein, und karibische Temperaturen darf man auch nicht erwarten,

doch es ist meistens klar und sonnig, mit ein paar kleinen Schauern zwischendurch. Die halten auch die Wanderer nicht davon ab, die Halbinsel Portland zu umrunden. Über eine schmale Straße mit Weymouth verbunden, ist Portland heute weit mehr als das steingraue Niemandsland mit dem rot-weißen Leuchtturm an seiner Spitze. Die *Weymouth and Portland Sailing Academy* war Gastgeber der Olympischen Segelwettbewerbe 2012. Der 30 Kilometer lange Sand- und Kieselstrand Chesil Beach mit seiner dahinterliegenden Lagune und den brütenden Seevögeln ist ein zauberhafter, aber nicht ungefährlicher Ort. Es gibt an den Küsten Englands keinen Streifen, an dem mehr Schiffe strandeten und mehr Schiffbrüchige starben. Erst im Hafen von Bridport, West Bay, ist man wieder auf der sicheren Seite.

Charmouth und Beer

Bevor man den unter Fossilienjägern bekannten Ort Lyme Regis erreicht, ist ein Halt in Charmouth angeraten. Der weitläufige Strand und ein Besucherzentrum, das alle Informationen von detaillierten Wanderkarten bis zur richtigen Fossiliensammler-Ausrüstung bereithält, ist Ziel vieler Strandgänger, die mehr in gebückter Haltung die Kieselsteinhaufen durch-

wühlen als die Landschaft genießen. Aber man sollte nachsichtig sein, das Meer ist meistens kühl und die Aussicht, eine wertvolle Versteinerung zu finden, lässt einen die Rückenbeschwerden am Abend doch glatt vergessen.
Denn zum Glück gibt es ja noch Beer. Damit ist nicht das Getränk gemeint, sondern der kleine Fischerhafen westlich von Seaton. In dem einst berühmten Unterschlupf für Piraten und Schmuggler scheint die Zeit stehen geblieben zu sein. Einige Touristen, die sich hierher verirrt haben, setzen sich auf die fünf Liegestühle, die eine bierselige Tourismusinitiative für angebracht hielt, schweigen und genießen die Aussicht auf die Klippen und das Meer. Nur im August erwacht der Ort aus dem Dornröschenschlaf, wenn die jährliche Beer-Regatta gefeiert wird. Was dort dann so alles an selbstgebauten Kähnen samt Leichtmatrosen teilnimmt, lässt die Vermutung aufkommen, dass der Name des Fischerdorfs doch einen tieferen Sinn hat.

Von Sidmouth nach Exmouth

Weiter geht die Reise entlang der Heritage Coast nach Sidmouth. An diesem Küstenabschnitt findet man den ältesten Teil mit Formationen aus dem Trias, 200 bis 250 Millionen Jahre vor unserer Zeit. Der altehrwürdige Badeort mit seinen hübschen Regency-Häusern wird eingerahmt von roten Klippen; seine hervorragenden Strände sind wenig überlaufen und gehören zu den schönsten an der Jurassic Coast. Jedes Jahr im August wird Sidmouth zu einer einzigen Bühne, wenn die Folk-Festival-Woche Bands und Gruppen aus aller Welt zu einem großartigen Straßenfest, Umzügen und Konzerten versammelt. In Exmouth endet dann die Reise entlang der Jurassic Coast. Hier gaben sich Römer, Wikinger, Piraten und Schmuggler einst ein Stelldichein, heute dient der Hafenort überwiegend als Erholungstreffpunkt für die Bewohner von Exeter. Wir aber drehen uns einfach um und machen die Tour noch einmal in entgegengesetzter Richtung.

IM FOSSILIENWALD

Wenn erdgeschichtliche Knautschzonen oberirdisch zu bewundern sind, geraten selbst geologisch nicht bewanderte Personen ins Schwärmen. Lulworth Cove ist so ein Ort. Zwischen East und West Lulworth an der Jurassic Coast hat sich vor 10000 Jahren eine hufeisenförmige Bucht gebildet, die eingerahmt wird von Lulworth Crumple. Diese vor 147 Millionen Jahren durch einen Klimawandel verursachten Verschiebungen der Gesteinsformationen zeigen Überreste eines Fossilienwalds, der sich heute wie ein Schutzschild gegen die tosende Brandung erhebt. Eine Wanderung um die Bucht auf den Klippen lässt das Gefühl entstehen, dass die Erde unter unseren Füßen keine tote Materie ist, sondern sich in ständiger Bewegung befindet. Ein kleines Bad in der Bucht heißt Eintauchen in die Erdgeschichte.
Lulworth Cove Heritage Centre, Main Road, West Lulworth, Dorset BH20 5QS, Tel. +44/(0)1929-400587, www.lulworth.com

WEITERE INFORMATIONEN

Heritage Coast Centre, Lower Sea Lane, Charmouth, Dorset DT5 6LL, Tel. +44/(0) 1297-560772, www.charmouth.org
Websites: www.jurassiccoast.com
www.swanage.gov.uk
www.visitsidmouth.co.uk

Dorchester ist untrennbar mit dem Schriftsteller Thomas Hardy verbunden, der in einem nahen, versteckten Tal geboren wurde (oben). Auch Mary Anning (unten), die das Fossiliensammeln berühmt machte, ist im Dinosaurier-Museum in Dorchester verewigt. Im County Museum (rechte Seite unten) erfährt man alles über die lokale Naturgeschichte.

32 Dorchester – perfekte Harmonie

Bescheidene Schönheit mit Visionen

Die Hauptstadt der Grafschaft Dorset ist das ländlich anmutende Dorchester mit seinen eleganten Häusern aus dem 18. Jahrhundert. Als »Casterbridge« spielt es in den Werken des berühmten Schriftstellers Thomas Hardy (1840–1928) eine tragende Rolle, aber auch Prinz Charles hat sich hier verewigt: Poundbury heißt seine städtebauliche Vision des gemeinschaftlichen Wohnens im 21. Jahrhundert.

Das gemütliche, rund 17000 Einwohner zählende Dorchester wurde als Durnovaria bereits von den Römern gegründet, doch von dieser stadtgeschichtlichen Epoche ist heute nicht mehr viel übrig geblieben. Lediglich die *Maumbury Rings*, eine neolithische Kultstätte im Süden der Stadt, von den Römern zum Amphitheater ausgebaut, und eine römische Stadtvilla sind Zeugnisse einstiger Größe. Doch es lohnt sich durchaus, in Dorchester länger zu verweilen, denn der Charme der Kleinstadt am River Frome mit ihren schönen Kastanien- und Ahornalleen offenbart sich erst auf den zweiten Blick, dafür aber umso intensiver.

Marktstadt und Museum

Besonders attraktiv ist Dorchester an seinen Markttagen, dann trifft sich hier die ganze Stadt. Seitdem es Aufzeichnungen gibt, werden an der *Corn Exchange* und am Südende der Altstadt in der Nähe der *Maumbury Rings* regelmäßig Bauernmärkte abgehalten, die besonders bunt und lebhaft erscheinen. Auch das Dorchester Kunstfestival wächst von Jahr zu Jahr, und der *Carnival* Mitte Juni sowie der *Casterbridge Christmas Cracker* Anfang Dezember – ein buntes Weihnachtsstraßenfest mit Umzügen, Paraden und Ständen – erfreuen sich immer größerer Beliebtheit. Das gilt auch für das Dorset County Museum in der High West Street neben der St. Peter's Church, einer Pfarrkirche aus dem 15. Jahrhundert, vor der die Statue des William Barnes (1801–1886) wacht. Der populäre Mundartdichter, Schulmeister, Linguist und Pfarrer war für Thomas Hardy Inspiration und Antrieb zugleich. Das kann man im County Museum bestens verfolgen, gibt es hier doch die größte Hardy-Sammlung der Welt. Tagebücher, Fotografien und eine Rekonstruktion seines Arbeitszimmers lassen die ländlich geprägte Welt seines Wessex wieder auferstehen.

Doch das Museum hat noch mehr zu bieten, zeigt bedeutende Exponate zur Jurassic Coast, archäologische Schätze aus ganz Dorset und der Zeit der Römer.

In der schönen Victorian Hall finden Lesungen und Konzerte statt, und in der Dorchester Gallery wird die 6000-jährige Stadtentwicklung von der ersten Besiedlung des Gebiets bis zur Gegenwart lebendig.

Maiden Castle und Poundbury

Etwas mehr Fantasie braucht man, um sich die einst große Bedeutung von Maiden Castle vorstellen zu können. Die zwei Kilometer südwestlich von Dorchester gelegene Hügelfestung aus der Eisenzeit gehört eigentlich zu den bedeutendsten Anlagen dieser Art in Europa. Indes, die bis zu 25 Meter hohen und kilometerlangen, grünen Hügelaufschüttungen wirken trotz der Erklärungstafeln etwas rätselhaft. Die heute sichtbaren Teile stammen aus dem Jahr 800 v. Chr., als der keltische Stamm der Durotriges den Südwesten beherrschte. Sicher ist auch, dass die Römer die Festung um 60 n. Chr. eroberten.

Einer Eroberung kommt Poundbury, das visionäre Projekt am Stadtrand von Dorchester, sicher nicht gleich. An dem Vorort, errichtet auf dem Land und gefördert von Prince Charles, scheiden sich die Geister. Die einen halten es für ein künstliches Retortendorf, die anderen fühlen sich in der Charakter, Sauberkeit und Charme verbreitenden Wohnanlage ohne Ampeln, Vorgärten und Satellitenschüsseln geborgen. Sehenswert ist Poundbury allemal, jeder kann ja für sich selbst entscheiden, ob er zukünftig so wohnen und leben möchte oder nicht.

GEBURTSSTÄTTE UND GRAB

Selten liegen Geburtsort und Grabstätte eines Schriftstellers so nahe zusammen wie bei Thomas Hardy. Mit einer Einschränkung: Geboren wurde Thomas Hardy im Hardy's Cottage in Higher Bockhampton bei Dorchester, sein Leichnam ruht im Poet's Corner der Westminster Abbey, doch sein Herz wurde, wie er es sich gewünscht hatte, auf dem kleinen Friedhof der St. Michael's Church in Stinsford beerdigt. Das ist nur ein paar Kilometer von seinem Geburtsort entfernt und ein wahrlich friedlicher Ort. Eine hübsche kleine Pfarrkirche, ein altes Tor zum Friedhof: tiefe Stille. Seiner südenglischen Heimat, in der er die meiste Zeit seines Lebens verbrachte, hat er in seinen Werken ein Denkmal gesetzt.
Thomas Hardy's Cottage, Higher Bockhampton, Dorchester, Dorset DT2 8QJ, Tel. +44/(0)1305-262366, www.nationaltrust.org.uk/hardys-cottage und www.stinsford.org.uk

WEITERE INFORMATIONEN

Tourist Information Centre, 11 Antelope Walk, Dorchester, Dorset DT1 1BE, Tel. +44/(0)1305-267992, www.visit-dorchester.co.uk
Websites: www.westdorset.com
www.dorsetcountymuseum.org
www.discoverpoundbury.co.uk

Ein wahres Schmuckstück ist der alte Hafen von Weymouth, hier kann man sich noch mit dem Ruderboot umherfahren lassen (oben), während am Sandstrand die bunten Buddel-Utensilien auf die Kinder warten (unten). Segelboote, Jachten, aber auch eine kleine Fischfangflotte sind bis heute am Old Harbour zu Hause (rechte Seite).

33 Wind und Wasser in Weymouth und Portland

Weltberühmtes Seebad und Segelrevier

Ein beliebter Familienurlaubsort, der von George III. zum mondänen Seebadeort ausgebaut wurde, ein attraktiver Hafen und eine elegante Strandpromenade an einer malerischen Bucht: Weymouth und die über eine schmale Landzunge verbundene Isle of Portland haben all das zu bieten, was Engländer von der *Seaside* erwarten. Auch die Olympischen Segelwettbewerbe 2012 trugen zur Aufbruchstimmung bei.

Die Statue König Georgs III. (1738 bis 1820) an der Esplanade schaut wie immer mit Zepter, Krone und Wappentier nach dem Rechten in Weymouth. Von den Bürgern der Stadt im Jahr 1810 anlässlich des 50. Jubiläums seiner Regentschaft errichtet, hat Weymouth dem Monarchen viel zu verdanken. Er hat mit seinen regelmäßigen Besuchen zwischen 1789 und 1805 den Ort und die Gewässer praktisch als Seebad erfunden und zu breitem Interesse verholfen. An weltweites Marketing und Imagepflege hat er damals sicher noch nicht gedacht, denn er suchte einfach nur Erholung und schrieb den Wellen und dem Meer hier heilende Wirkung zu. So steht er noch heute an der Mündung der beiden Hauptstraßen von Weymouth, der St. Thomas und der St. Mary Street, und schaut ein wenig wehmütig in die Ferne. Dabei könnte die Entwicklung der Stadt ihm durchaus Freude bereiten, zumal er ja auch den imposanten Uhrenturm der *Jubilee Clock* im Auge hat, der 1887 zum 50. Thronjubiläum seiner Enkeltochter Queen Victoria aufgestellt wurde.

Die Olympischen Segelwettbewerbe in Weymouth Bay und Portland Harbour 2012 hätten ihm sicher auch gefallen. Wie die schönen georgianischen Häuser an der Strandpromenade, den alten Hafen mit den Fischkuttern und das in den Sommermonaten lebhafte Treiben am goldfarbenen Sandstrand. Weymouth und die Halbinsel Portland haben viel Flair, Charme und Spritzigkeit, kein Wunder, dass man bei allen Bevölkerungsschichten zu den beliebtesten Reisezielen gehört.

Alter Hafen, neue Geschäfte

Gerade das Stadtviertel um den alten Hafen ist durch ein geschicktes und geschmackvolles Entwicklungsprogramm zum Vorzeigeobjekt moderner Stadtplanung geworden. Direkt im Herzen der Stadt gelegen, ist der traditionelle *Old Harbour* zu einem lebhaften Platz geworden, an dem man mühelos einen ganzen Tag verbringen kann. Und das zu jeder

TANGO of Weymouth
WH768
DIESEL

Nicht grundlos heißt die Promenade in Weymouth »Pleasure Pier«, die Angler finden hier ein bevorzugtes Revier (oben), auch die Fußgängerzone bereitet den Besuchern mit breitem Sortiment viel Freude (unten). Die imposante Festung des Nothe Fort am Hafen zeigt mit Dauerausstellungen militärisches Leben der Vergangenheit (rechte Seite unten).

Jahreszeit. Hier schmiegen sich viele Restaurants, Bars und Cafés harmonisch ins Bild, wird von einfachen *Fish and Chips* bis zu kulinarischen Kreationen alles angeboten, was der Gaumen begehrt. Man schaut der historischen Klappbrücke zu, wie sie sich öffnet und schließt, den Fischerbooten beim Entladen des Fangs oder den Jachten, wie sie sich auf die Reise machen zu einem der beliebten Bootsausflüge entlang der Jurassic Coast.

Paradies für Wassersportler

Weymouth ist ein idealer Ort, um an der Südküste einen ausgedehnten Segelurlaub zu verbringen oder einen Zwischenstopp einzulegen auf der Kanalüberquerung nach Nordfrankreich oder zu den Kanalinseln. Die Gewässer haben unter Seglern Weltruf, als Trainingsgelände wie für Regatten und Wettkämpfe. Das ganze Jahr hindurch gibt es Festivals und Themenwochen, selbst die Weihnachtszeit fällt am *Old Harbour* romantisch und verträumt aus.

Ein Schmuckstück ist der Brewers Quay, hier wurde ein altes Brauereigelände in ein modernes Geschäfts- und Shoppingcenter umgestaltet. Mit Augenmaß und Verstand, muss man hinzufügen. Überwiegend kleine Läden, Cafés und Boutiquen verleihen der ehemaligen viktorianischen Devenish-Brauerei neues Leben, ohne die Vergangenheit zu vergessen. Im Jahre 2011 wurde der Gebäudekomplex einer grundlegenden Renovierung unterzogen, in die man 15 Millionen englische Pfund gesteckt hat. Nach der Wiedereröffnung im März 2013 erstrahlen die über 50 Antiquitäten-Läden, Bars und Geschäfte in neuem Glanz und verleihen dem Hafenviertel lebendiges Treiben.

Radipole Lake und Nothe Fort

Ein Naturreservat mitten im Herzen von Weymouth? Kaum hat man die Füße auf den Weg durch das Schilf und die Lagunen des Radipole Lake Nature Reserve gesetzt, das mitten in Fluss Wey an der Swanery Bridge die Besucher erwartet, lässt man das geschäftige Treiben der Stadt zurück und fühlt sich wie draußen in Dorsets einsamer Landschaft. Vor allem für Vogelbeobachter ein geeigneter Ort, um ganz gewöhnliche Spatzen, Finken und Rotkehlchen aus der Nähe zu beobachten, aber auch seltenere Vogelarten wie Schilfrohrsänger oder Rohrdommel zu entdecken.

Wer sich für die Militärgeschichte interessiert, spaziert zum Nothe Fort an der Barrack Road. Die imposante Festungsanlage am Hafeneingang wurde zwischen 1860 und 1872 errichtet, um England und den Hafen von Weymouth und Portland vor französischen Invasionen und Überfällen zu schützen. Anfang der 60er-Jahre des vergangenen Jahrhunderts wurde das Fort, da es keine militärische Bedeutung mehr besaß, an die Stadt Weymouth zurückgegeben und für Besucher zugänglich gemacht. Eine Dauerausstellung zeigt viel Militärgeschichtliches von der Schlacht um die Normandie und dem Zweiten Weltkrieg über Napoleonische Überfälle und britische und amerikanische Fahrzeuge bis zur Marine- und Heimatgeschichte. Die Weymouth Civic Society als Träger des Museums unterhält in der Stadt auch eines der wenigen Tudor-Kaufmannshäuser aus dem 16. Jahrhundert.

Der Name führt in die Irre, denn die Isle of Portland ist eigentlich keine Insel, sondern eine acht Kilometer lange und drei Kilometer breite Halbinsel.

Portland-Stein und Chesil Beach

Als Heimat eines der bekanntesten Baumaterialien der Welt, dem Portland-Stein, ist sie berühmt geworden. Es gibt kaum einen anderen Stein auf der Welt, der in Qualität, Beständigkeit und Farbkontinuität mit ihm mithalten kann. Der Architekt Christopher Wren hatte ihn beim Wiederaufbau der St. Paul's Cathedral in London eingesetzt. Seitdem wird der Portland-Stein für viele prunkvolle Bauten weltweit verwendet. Alte Steinbrüche wie der *Tout Quarry* geben einen wunderbaren Einblick in die Erdgeschichte und den Einfluss, den die Gesteinsformationen auf die Naturlandschaften ausüben. Auch der interessante Skulpturenpark, das von Heinrich VIII. errichtete Portland Castle und die Südspitze mit seinem 35 Meter hohen Leuchtturm sind einen Besuch wert.

Selbst für Landratten ist die Weymouth und Portland National Sailing Academy mit ihren großzügigen Segelhafenanlagen ein schönes Ausflugsziel. Das gilt natürlich auch für die 28 Kilometer lange Kies- und Sandbank Chesil Beach, deren Entstehung noch immer von Geologen erforscht wird. Der wohl schönste freie Strandwall der Welt hat es allerdings in sich, die fünfzehn Meter hohen Böschungen aus Kieselsteinen sind tückisch und die Strömungen lebensgefährlich, vor dem Baden wird dringend gewarnt.

Dennoch bietet Chesil Beach ein faszinierendes Panorama, die endlos erscheinende Weite, das stetige Murmeln der Kieselsteine und der Wellen, ab und zu ein einsamer Angler, der sein Glück versucht, ein Ort, der tatsächlich wie entworfen erscheint für einen Schriftsteller wie John Cowper Powys (1872–1963), der in seinem Roman *Der Strand von Weymouth* dieser Gegend und den Menschen ein Denkmal gesetzt hat. Nach seinem Tod wurde seine Asche im Meer verstreut.

FISCH VOM FEINSTEN

Vergessen Sie allen Schnickschnack, den üblicherweise Gourmetrestaurants rund um Meeresfrüchtemenüs zelebrieren. Keine Kellner mit weißen Handschuhen, keine Besteckauswahl, die an eine Herzoperation erinnert, dafür aber Fisch und Meeresgetier, wie es frischer nicht sein kann, erschwingliche Preise und frische Meeresbrise kostenlos: Das ist das »Crab House Café« in Wyke Regis zwischen Weymouth und Portland. Selbst Stargourmets wie Rick Stein oder die Kritiker der *Times* geraten da ins Schwärmen. Christian Lohez aus der Normandie tischt Kreationen auf, die vor lauter Geschmacksnuancen nur so explodieren. Die Austern kommen aus der eigenen Zucht, die Karte wechselt zweimal täglich. Und Krebse, Jakobsmuscheln, Sardinen, Flunder, Seezunge, Lengfisch oder Makrele kommen alle aus einem Umkreis von 50 Kilometern direkt auf den Teller. Crab House Café, The Fleet Oyster Farm, Ferrymans Way, Portland Road, Wyke Regis, Dorset DT4 9YU, Tel. +44/(0)1305-788867, www.crabhousecafe.co.uk

WEITERE INFORMATIONEN

Weymouth & Portland Borough Council, Noth Quay, Weymouth, DT4 8TA, www.visitweymouth.co.uk www.visitportland.co.uk

Die Fischereitradition wird in Lyme Regis noch heute hoch gehalten (oben), auf der Mole türmen sich die Fangnetze (unten). Im alten Rathaus (rechte Seite) ist das Lyme Regis Museum untergebracht, das interessante Exponate zur Stadt- und Naturgeschichte der Gegend präsentiert. Auch Mary Anning und die Fossilien sind hier vertreten.

34 Lyme Regis – für Fossiliensucher

Mary und der Ichthyosaurus

Die stimmungsvolle Küstenkleinstadt mit ihren rund 5000 Einwohnern liegt am äußersten westlichen Rand von Dorset, an der Grenze zu Devon. Als Zentrum der Fossiliensucher und als alter Hafenort spielt es schon seit Jahrhunderten eine bedeutende Rolle. Doch trotz der oftmals lebhaften Geschäftigkeit hat sich der Ort mit seinem alten Stadtkern dörflichen Charakter bewahrt.

Lyme Regis, das sich seit dem Ende des 18. Jahrhunderts vom Fischerdorf zu einem beliebten Seebad entwickelte, erhielt bereits 1284 die Stadtrechte von König Edward I. Seine überschaubare Größe mag zu Fehlinterpretationen führen, denn seine Bedeutung in der Geschichte Englands ist nicht zu unterschätzen und hat natürlich vor allem mit dem von einem geschwungenen Wall umgebenen Hafen zu tun. *The Cobb* stammt aus dem 13. Jahrhundert und schützte nicht nur vor Sturm und Wellen, er förderte auch die Entwicklung zum strategisch bedeutenden und umtriebigen Handelshafen. Im englischen Bürgerkrieg (1642–1649) unterstützte Lyme Regis allerdings die Parlamentarier, und so wurde man von den Royalisten zwei Monate lang belagert, viele Bewohner verloren dabei ihr Leben. Ein paar Jahrzehnte später landete hier der Duke of Monmouth, der 1685 mit der Monmouth Rebellion versuchte, James II. die Krone streitig zu machen, was ihn auf dem Tower Hill den Kopf kostete.

Aber nicht alle großen Ereignisse, die den Ort in die Geschichtsbücher brachten, waren Scharmützel. Denn hier wurde auch ein Thomas Coram (1668 bis 1751) geboren, der als Erster auf der Welt 1724 ein Hospital und eine gemeinnützige Stiftung für Findelkinder gründete. Zu seinen Unterstützern zählten so berühmte Künstler wie der Maler William Hogarth und der Komponist Georg Friedrich Händel. Das Thomas-Coram-Heim und die Stiftung gibt es in London heute noch.
Auch ein junges, zwölfjähriges Mädchen machte Lyme Regis weltberühmt: Im Jahr 1811 entdeckte Mary Anning (1799 bis 1847) erstmals ein neun Meter langes versteinertes Skelett eines Ichthyosaurus, eines Reptiliensauriers. Eine Sensation für Wissenschaft und Forschung, war diese Art bis dahin doch noch unbekannt.
Mary blieb ihrer Leidenschaft für Fossilien treu, wurde eine der erfolgreichsten Paläontologinnen Großbritanniens. Seit dieser Zeit gilt die Gegend um Lyme Regis als Fossilienwunderland.

ormation Centre
LYME REGIS
TOWN COUNCIL OFFICES
CHURCH STREET

In den schmalen Gassen geht es trotz des Touristenrummels in der Hauptsaison noch gemütlich zu (oben), denn die meisten Besucher suchen ihre Fossilien (rechts oben) nicht im Shop (Mitte) oder im Museum (unten), sondern an den weitläufigen Stränden der Jurassic Coast (rechte Seite). Ob mit oder ohne Erfolg, das Erlebnis zählt.

Die Kunst der Verführung

Da wundert es nicht, dass auch das Lyme Regis Museum in der Bridge Street ganz in der Nähe der frisch renovierten Marine Parade eine bedeutende Sammlung der hier gefundenen Fossilien bereithält. Natürlich gibt es Exponate zur Stadtgeschichte, besonders sehenswert ist aber auch die literarische Abteilung, denn einige berühmte Schriftstellerinnen und Autoren haben in Lyme Regis gearbeitet. Jane Austen (1775–1817) zum Beispiel, die eine Zeit lang an der Promenade wohnte und hier an ihrem Roman *Persuasion* (Überredungskunst) geschrieben hat, der 1817 veröffentlicht wurde. Im Jahr 1725 verursachte Henry Fielding (1707–1754) einen Skandal in Lyme Regis, als er die reiche Erbin Sarah Andrews entführen wollte. Der Versuch schlug fehl, so machte er sie unsterblich in seinem berühmten Roman *Tom Jones*.
Nicht nur *Persuasion* wurde in Lyme Regis verfilmt, auch ein weiterer weltweiter Kinoerfolg: *Die Geliebte des französischen Leutnants*. Im Jahr 1969 hatte einer der wichtigsten englischen Autoren des 20. Jahrhunderts, John Fowles (1926–2005), den Roman *The French Lieutenant's Woman* veröffentlicht. Elf Jahre später wurde für die Verfilmung halb Lyme Regis ein Jahrhundert zurückversetzt. Einige Bewohner durften in dem Film mit Stars wie Meryl Streep und Jeremy Irons mitspielen. Und noch heute spürt man bei einem Spaziergang am Hafen, auf den Terrassen der Langmoor and Lister Gardens, von denen aus man einen wunderbaren Blick über den Hafen genießt, das kreative und inspirierende Treiben in Lyme Regis mit seiner zeitlos schönen Atmosphäre.

Spiel mit dem Wasser

Wie man alter Substanz neues Leben einhaucht, kann man auch in der *Lyme Regis Town Mill* begutachten. Die ersten Aufzeichnungen zu einer Wassermühle im Ort stammen aus dem Jahr 1340, als Edward III. den Bürgern die Erlaubnis erteilte, eine neue Mühle zu errichten an jenem Platz im Ortszentrum, an dem sie heute noch steht. Während des Bürgerkriegs wurde sie 1644 fast vollständig zerstört, doch man baute sie wieder auf und gab ihr eine mächtige Steinblockstruktur. Bis 1926 war sie ununterbrochen in Betrieb, dann war die Wassermühlentechnik nicht mehr wettbewerbsfähig. Bis 1970 standen die Gebäude einsam und verlassen da, erst 1991 beschloss der *District Council* mit den Einheimischen, das historische Areal zu restaurieren und wieder zu beleben. Zehn Jahre gingen darüber ins Land, doch der Aufwand hat sich gelohnt. Der alte Pflastersteinhof, die Gebäude und die funktionstüchtige Wassermühle sind ein magischer Platz voller Ruhe und Harmonie. Eine Töpferwerkstatt, Kunstgalerien, Studios, Cafés, eine Käserei und eine Bäckerei sind eingezogen, die dem ganzen Hof wieder ein geselliges, romantisches Flair verleihen.

Tim im Dinosaurland

Weniger idyllisch ging es wohl zu Zeiten der Dinosaurier zu, das kann man eindrucksvoll im Dinosaurland Fossil Museum in jener Kirche in der Coombe Street erleben, in der Mary Anning getauft wurde. Das Museum hat drei Abteilungen: Im Erdgeschoss werden die spektakulären Funde aus der unmittelbaren Region präsentiert, die *Time Gallery* im Obergeschoss widmet sich der Evolution des Lebens und unseres Planeten und der naturgeschichtliche Teil zeigt, wie unser modernes Leben mit den Fossilien verbunden ist.

Dabei ist das Ganze mit der notwendigen wissenschaftlichen Genauigkeit ausgestattet, aber ohne den Spaß zu verderben. Die lebensgroßen Skelette und Nachbildungen der Dinos machen vor allem den Kindern Freude, die den Umgang mit Fossilien ganz pragmatisch angehen. Im Souvenirladen wird der kleine Tim gefragt, ob er ein Fossil als Andenken mitnehmen will. Er schüttelt verständnislos den Kopf: »Nein danke, warum sollte ich? Ich habe doch einen Opa zu Hause.«

Grandpa geht klippenwandern

Der würde sich bestimmt ärgern, dass er den Ausflug nach Lyme Regis nicht mitgemacht hat, wenn er erfährt, dass man hier nicht nur Steinchen klopfen, Museen und Mühlen besuchen oder mit dem Fischerboot von Nick zum Makrelenfang hinausfahren kann, sondern auch viel Raum findet für interessante Spaziergänge in ursprünglicher Natur. Die dramatische Küstenszenerie rund um Lyme Regis erlebt man am authentischsten auf dem *Undercliff Walk*, der Richtung Westen nach Axmouth führt. Dieses Naturschutzgebiet ist vielleicht das schönste im ganzen Land. Das Küstenterrain hat sich über die Jahrhunderte durch Erdrutsche gebildet, einer der spektakulärsten ereignete sich an Heiligabend 1839. Der heutige Pfad führt durch ein urwaldartiges Gebiet direkt am Meer, in dem man über 40 Vogelarten an einem Nachmittag erspähen kann.

KRATZEN AN DER KREIDEZEIT

Manche Dinge wie die Sammelleidenschaft haben eine so große Anziehungskraft, dass sie Jung und Alt gleichermaßen in ihren Bann ziehen. Dabei spielt der Gegenstand der Begierde natürlich eine entscheidende Rolle, kommt noch Entdeckergeist hinzu, hat man jene Mischung beisammen, die dafür verantwortlich ist, dass sich in Lyme Regis jedes Jahr Ende April vier Tage lang alles um Fossilien dreht. Mit Hämmerchen und Eimer ziehen sie dann los, buddeln hier und graben dort, heben den Kopf zum Himmel wie zum Gebet: »Herr hilf, bitte lass mich ein schönes Stück finden, zu Ehren der Wissenschaft natürlich, versprochen, ich werde es auch nicht verkaufen.« Es gibt Seminare zur Erdgeschichte der Jurassic Coast, Touren mit lokalen Fossilienjägern, Ausstellungen und vor allem: viel Glück beim Suchen. Lyme Regis Fossil Festival, LRDT St Michael's Business Centre, Church Street, Lyme Regis DT7 3DB, Tel. +44/(0)1297-445021.
www.fossilfestival.com

WEITERE INFORMATIONEN

Tourist Information Centre, Guildhall Cottage, Church Street, Lyme Regis, Dorset DT7 3BS, Tel. +44/(0)1297-442138,
www.lymeregis.org
Websites: www.lymeregismuseum.co.uk
www.townmill.org.uk

Ein Zentrum des Glaubens, der Kontemplation und der Esoterik, König Artus und Merlin und … ganz irdische Führerinnen (oben), die einem den Dornenbusch an der St. Patrick-Kapelle (unten) zeigen: Doch keiner kann sich dem Zauber von Glastonbury, der Abtei (rechte Seite unten) und den Sonnenuntergängen (rechts oben) entziehen.

35 Glastonbury – auf zur Artussage!

Licht im Nebel von Avalon

In Glastonbury geht die Sonne auf für ein neues Zeitalter, verbinden sich Sagen, Mythen und Fantasien zu einer spirituellen Stimmung, die über der Kleinstadt liegt. Zu einem Zentrum der New-Age-Kultur aufgestiegen, treffen sich hier Jünger aus aller Welt, um neue Wege zu finden. Doch auch für alle, die nicht esoterisch angehaucht sind, lohnt sich der Besuch der Glastonbury-Abtei.

Es gibt keinen anderen Ort in England, der mit so viel sagenumwobener Geschichte behaftet ist wie das kleinstädtische Glastonbury, das noch immer so daliegt wie im Mittelalter. Den keltischen und angelsächsischen Überlieferungen nach ist es der Geburtsort des englischen Christentums, als im Jahr 63 n. Chr. Joseph von Arimathäa mit dem Heiligen Gral hierhergekommen sein soll, um England zu missionieren. Der Kelch des letzten Abendmahls, den Jesus und seine Jünger benutzten und mit dem Joseph das Blut des Gekreuzigten auffing, soll am Fuß des Kegelbergs Glastonbury-Tor vergraben worden sein. Selbstverständlich sprudelt noch heute dort eine Quelle. Und auch der Artuslegende bedient man sich. So soll König Artus mit seiner Gattin Guinevere in der Abtei begraben worden sein. Alles zusammen machte Glastonbury schon im Mittelalter zu einem beliebten Pilgerort, und bis heute strömen spirituelle Gruppen aller Couleur in Massen hierher auf der Suche nach Heilung, Erlösung oder einfach nur, um zu schauen, wie die Isle of Avalon heute denn aussieht.

Abtei und Turm der Sagenwelt

Wer nach Glastonbury reist, besucht natürlich zuerst die Abtei und das Tor, bevor er sich den Kräutertees, Heilwässerchen, Ökokuchen, Wollpullovern und Wahrsagern widmet. Die Tatsache, dass man vor einem großen Ruinenkomplex steht inmitten ausgedehnter Parklandschaften und äußerst gepflegter Rasenflächen, tut der Faszination keinen Abbruch. Die Reste der Klosteranlage aus dem 7. Jahrhundert sind so perfekt in Szene gesetzt, dass selbst die offensichtliche Zerstörung der magischen Kraft, die von diesem Ort ausgeht, nichts anhaben konnte. Man kann sich vorstellen, wie unter großem Pomp an Ostern 1278 hier die Gebeine von König Artus in Gegenwart von König Edward I. in einen schwarzen Marmorsarg umgebettet wurden. Ein wunderschöner, ruhiger und kontemplativer Ort auf dem Gelände ist auch die St. Patrick-Kapelle, die 1524 er-

richtet wurde und die im Innern mit mittelalterlichen Wandmalereien verziert ist. Von dort begeben sich die Pilger zum grünen Hügel mit dem in 150 Metern Höhe thronenden Glastonbury-Tor, dem Turm der St. Michael-Kirche aus dem 14. Jahrhundert, und lassen sich von der frischen Luft, der herrlichen Aussicht über das Marschland und den Erdströmen in Trance versetzen.

Heilendes Wasser Chalice Well

Wieder hinabgestiegen in das Reich der Irdischen, schenkt die Chalice Well neue Kraft. Auch dazu gibt es die passende Legende, denn Ganzheitlichkeit spielt ja auch in der Welt der Mythen eine tragende Rolle. Besagter Joseph soll hier den heiligen Kelch mit dem Blute Jesu versteckt haben. Ob die rötlichen Wässerchen der sprudelnden Quelle nun von Blut getränkt sind oder durch eisenhaltiges Gestein verursacht werden, spielt keine Rolle. Der Zauber wirkt, nicht zuletzt, weil man sich in einer schönen Gartenanlage befindet mit vielen kleinen Nischen, Teichen, Wasserfällen und dem Löwenkopf, aus dem das Heilwasser sprudelt. Da spielt die geringe Eintrittsgebühr in das Reich der Lebenskraft auch keine Rolle. Einige Pfund mehr muss man im Säckel haben, wenn man das größte Open-Air-Festival Europas besuchen will. An drei Tagen im Juni zur Sommersonnenwende steht hier alles Kopf: Konzerte, Theateraufführungen und Ausstellungen verwandeln Glastonbury in den Nabel der Welt. Wo sonst sieht und hört man U2, Coldplay, die Queens of the Stone Age und die Sufi-Band The Master Musicians of Joujouka an einem Tag?

ALTERNATIV-SHOPPING IN AVALON

König Artus und Druide Merlin dürften ihre Freude haben, würden sie heutzutage durch Glastonbury spazieren. Es herrscht wahrlich kein Mangel an einfallsreichen Devotionalien-Shops, Esoterikläden und Souvenirboutiquen in Glastonbury und Umgebung. Ob man durch die High Street, Archers Parade oder Chilkwell Street streift, überall findet der Pilger der Neuzeit Material zur Erlösung. Schaflederschuhe von Draper of Glastonbury, heilender Schmuck von Elements of Desire, Bücher zu allen Esoterikthemen von Gothic Image oder aus dem Speaking Tree Bookshop, Mineralien von The Crystal Man und Magisches von Yin Yang – hier geht die Sonne des New Age niemals unter.
www.glastonbury.co.uk

WEITERE INFORMATIONEN

Tourist Information Centre, 9 High Street, Glastonbury, Somerset BA6 9DP,
Tel. +44/(0)1458-832954,
www.glastonburytic.co.uk
Websites: www.glastonburyabbey.com
www.glastonburyfestivals.co.uk
www.chalicewell.org.uk

Wie kommt eine Kathedrale in das beschauliche Wells? Angesichts der imposanten Westfassade (oben) verstummen alle in Stein gehauenen Zweifler (unten): Der gotische Traum mit den erhabenen Scherenbögen (rechte Seite unten) im Langhaus gehört genau hierhin. Wie die Reihenhaussiedlung aus dem 14. Jahrhundert, Vicar's Close (rechts oben).

36 Wells – Kathedrale mit Kleinstadt

Weltoffene Heiterkeit und Ruhe ausstrahlende Religiosität

Am südlichen Rand der Mendip Hills liegt mit Wells eine Kleinstadt, die sich nahtlos in die vielen hübschen Orte Südenglands einreihen würde, wäre da nicht eine Kathedrale, die so berühmt wie überwältigend ist. Hier zeigt sich das ländliche Somerset von seiner schönsten Seite.

Der Name Wells bezieht sich auf drei Quellen in der Nähe des bischöflichen Palais. Mit der nahegelegenen Bäderstadt Bath bildet man die Diözese von Bath und Wells. Schon der englisch-amerikanische Schriftsteller Henry James bemerkte einmal, dass Wells eigentlich keine Stadt mit einer Kathedrale, sondern eine Kathedrale mit einer Stadt sei. Das trifft den Nagel auf den Kopf, denn die schönen Fachwerkhäuser, der Marktplatz, die vielen bunten Läden und Geschäfte scheinen sich an die Kathedrale und das Bischofspalais geradezu anzuschmiegen. Eine weltoffene Heiterkeit, ein geschäftiges Treiben liegt über dem 10000-Einwohner-Städtchen, verbunden mit einer Ruhe ausstrahlenden Religiosität, die nicht mit erhobenem Zeigefinger daherkommt.

Die Einheit von Himmel und Erde

Die Kathedrale, oft als Juwel unter den Sakralbauten Englands beschrieben, giert nicht mit hoch aufragenden Türmen nach Aufmerksamkeit. Das hat sie gar nicht nötig, allein die großartige Westfassade zeigt eine imposante architektonische Meisterleistung, die Himmel und Erde miteinander verschmelzen lässt. Um 1240 erbaut, ist sie von einem einzigartigen, 290 Skulpturen umfassenden Zyklus geprägt, der mit seiner Klarheit und Formensprache beeindruckt. Zu diesem gotischen Traum gehört zudem ein wunderschöner südlicher Kreuzgang, der 1508 fertiggestellt wurde. Im Innern ziehen große Vierungsbögen die Blicke ebenso an wie eine astronomische Uhr aus dem Jahr 1392.

Zu dem Gesamtensemble gehört auch das benachbarte Bischofspalais, das einen wehrhaften Charakter aufweist und von einem Wassergraben umgeben ist, auf dem die Schwäne geruhsam ihre Bahn ziehen. Dieser sollte ursprünglich protestierende Bürger fernhalten und den Bischöfen die nötige Ruhe zum Gebet verschaffen. Dass daraus eine rechte Idylle entstanden ist, passt ins Bild. In Wells rebelliert keiner mehr.

WEITERE INFORMATIONEN ZU WELLS:
Visitor Information Service, Wells Museum, 8 Cathedral Green, Wells, BA5 2UE, Tel. +44/(0)1749-671770, www.wellssomerset.com

Die Zahl der Exmoor-Ponys (oben) ist stark zurückgegangen, nur noch rund 500 Tiere ziehen in kleinen Gruppen über die Wiesen. Das wildromantische Doone Valley (unten) gehört zu den beliebtesten Wandergebieten im Exmoor. Vom tausend Jahre alten Dunster Castle aus überschaut man die Hügellandschaft am Rande des Exmoor (rechte Seite unten).

37 Sagen und Legenden im Exmoor National Park

Im Land der wilden Ponys

Der Exmoor-Nationalpark wurde 1954 ins Leben gerufen, heute zählt er mit einer Fläche von 692 Quadratkilometern zwar zu den kleinsten Nationalparks in Großbritanniens, dennoch zeigt er eine große Vielfalt an Landschaften und seltener Flora und Fauna. Dramatische Küsten, einsame Moore, bewaldete Hügel, kleine Dörfer und versteckte Täler machen ihn zu einem idealen Erholungsgebiet.

Etwa ein Drittel des Nationalparks liegt in der Grafschaft Devon, die anderen beiden befinden sich in Somerset. Ein zentrales Hochplateau, umgeben von romantischen Tälern, teilt das Gebiet in Norden und Süden. Die Flüsse Barle und Exe fließen in südliche Richtung, Lynn und Avill münden in den nördlich gelegenen Bristol-Kanal. Der höchste Ort des Nationalparks ist mit 519 Metern über dem Meeresspiegel Dunkery Beacon. Die Nationalparkbehörde hat ihren Hauptsitz am südlichen Parkende in Dulverton, dort gibt es auch ein Besucherzentrum mit nützlichen Karten und Informationen zu allen Teilgebieten und ökologischen Aspekten des Geländes. Auch Exford als geografisches Zentrum mit seinen schönen Reetdachhäusern ist ein geeigneter Ausgangspunkt für Wanderungen im Exmoor-Nationalpark.

Menschliche Ansiedlungen existieren im Exmoor bereits seit der letzten Eisenzeit, heute liegen die größten Orte wie Minehead, Lynton, Porlock und Dunster an der Küste. Im Mittelalter entwickelten sich in den Tälern und auf den Hügeln kleinere Dörfer, keltisches Erbe ging in christliche Traditionen über. Im Laufe der Jahrhunderte entstand eine Agrarkultur mit Farm-, Weide- und Heideland, Schaf- und Viehzucht bildeten die Grundlage des Einkommens. Auf den Wanderungen begegnet man mit etwas Glück den frei lebenden Exmoor-Ponys oder dem Rotwild, sicherlich aber einigen der rund 30000 Schafe.

Lorna und die Ponys

Die dunkelbraunen Ponys stammen ab von Tieren aus der Altsteinzeit, werden heute aber auf einigen Farmen gezüchtet und ausgewildert, um die Rasse zu erhalten. Friedlich grasend sind sie ein wunderbarer Anblick in der Weite des Moors. Abgesehen von größeren Hochmoorflächen finden sich noch einige Moor- und Sumpfgegenden, allerdings ist der Nationalpark kein einzig großes Moor mehr, wie der Name vermuten lässt. Auch die Wälder machen nur noch zwölf Prozent

der Fläche aus. Umso vielfältiger fällt die Vogelwelt aus, 200 Arten vom Bussard über den Eisvogel bis zu Waldbaumläufern und Wanderfalken ziehen hier ihre Bahnen.
Wie das auch im 17. Jahrhundert die legendäre Doone-Räuberbande im Exmoor tat. Die schöne Lorna Doone verliebte sich gegen den Willen ihrer »Familie« in den Bauernjungen John Ridd. Vor dem Traualtar wurde sie niedergestochen, überlebte aber, und der tapfere John übte Rache. Der Roman *Lorna Doone* von Richard Blackmore ist auch in der Verfilmung ein Kassenschlager, und das Doone Valley wandelt sich vom stillen, verträumten Tal zur Touristenattraktion. Obwohl man hier noch immer ruhige Ecken wie die Cloud Farm findet, auf der man wie zu Lornas Zeiten kampieren und Ausritte unternehmen kann.

Wilde Küsten und charmante Orte

Auch die 54 Kilometer lange Küstenlinie des Exmoor National Park hat ihre besonderen Reize. Wellen und Stürme wie bei Sillery Sands haben außergewöhnliche Profile und Klippen geschaffen, die sich geradezu ins Meer zu stürzen scheinen. Hier erstreckt sich auch Englands längster Küstenwald mit Eiben, Ebereschen (Mehlbeeren) und Traubeneichen.
Ein charmanter kleiner Küstenort ist zum Beispiel Porlock an der gleichnamigen Bucht. Von seinem Hafen aus wurde einst lebhafter Handel mit Wales getrieben. Auch das alte Seebad Minehead mit seinen verwinkelten Gassen besitzt noch viktorianisches Flair, während Dunster mit der mächtigen Burganlage und dem hübschen *Yarn Market* an die Zeiten der Wollverarbeitung erinnert.

B&B BEI A&C

Die Palette an Bed & Breakfast-Übernachtungsmöglichkeiten ist in North Devon sehr groß; das gilt auch für den Exmoor National Park. Die Klassifizierungssterne der jährlich aktualisierten Broschüre *Bed & Breakfast* von Visit Britain sind eine gute Orientierungshilfe. Lynton an der Nordküste Devons ist ein guter Ausgangspunkt, um das Exmoor zu erkunden, und das am Ortsrand gelegene »Longmead House« eine Unterkunft, wie man sich ein traditionelles B&B vorstellt. Vom freundlichen Willkommen bis zum persönlichen Abschied gehört bei Caroline und Alan Reeves, die das Haus seit 2008 führen, alles dazu, was den Aufenthalt angenehm macht. Und da Alan ein begnadeter Koch ist, gibt es auf Wunsch auch ein leckeres Dinner mit abschließendem Drink an der Hausbar.
Longmead House, Exmoor Bed & Breakfast, 9 Longmead, Lynton, North Devon EX35 6DQ, Tel. +44/(0)1598-752523, www.longmeadhouse.co.uk

WEITERE INFORMATIONEN

Exmoor National Park, Exmoor House, Dulverton, Somerset TA22 9HL, Tel. +44/(0)1398-323665, www.exmoor-nationalpark.gov.uk
Websites: www.visit-exmoor.co.uk
www.minehead.co.uk
www.porlock.co.uk

Die Landschaften im Westen sind besonders faszinierend. Das Dartmoor mit seiner unendlichen Weite (oben), ein Sonnenuntergang an den Bedruthan Steps in Cornwall (rechte Seite), überall öffnet sich wie in Exeter (unten) ein Tor zu unberührter Natur. Da fühlt sich auch der Feuerfisch im National Marine Aquarium in Plymouth wohl (Mitte).

VON DEVON BIS LAND'S END

Exeter ist das Zentrum der Grafschaft Devon, die Altstadt mit ihren Cafés (oben und rechte Seite oben) besitzt ein besonderes Flair. St. Peter's Cathedral ist ein Musterbeispiel englischer Hochgotik, die Statue des Richard Hooker (1554–1600) erinnert an den Theologen, der Grundlagen der Anglikanischen Kirche schuf (rechts unten).

38 Exeter – Unistadt am River Exe

Gruselgeschichten im Schatten der Kathedrale

Exeter, die Hauptstadt von Devonshire, ist ein idealer Ausgangspunkt zur Entdeckung dieser abwechslungsreichen und landschaftlich so reizvollen Grafschaft. Die Bischofs- und Universitätsstadt am River Exe hat trotz der 110 000 Einwohner ihren englischen Kleinstadtcharme bewahrt. Im Mittelpunkt steht die imposante Kathedrale, ein Meisterwerk der Hochgotik.

Ob vom Bahnhof, dem großen Busparkplatz in der Paris Street oder den zahlreichen anderen Parkplätze rund um die Altstadt, in Exeter braucht man nur einen kurzen Fußweg zurückzulegen, um ins mittelalterliche Zentrum um die normannische Kathedrale St. Peter zu gelangen. Deren prachtvoll ornamentierte Westfassade und das mit 91 Metern längste gotische Gewölbe der Welt beeindrucken jeden Besucher.

John aus dem Dartmoor

Die historischen Fachwerkhäuser aus dem für Devonshire typischen Sandstein mit den kleinen, schwarz umrahmten Fenstern wirken wie einer Puppenstube entnommen. Doch es ging im Laufe der Geschichte hier wesentlich raubeiniger zu. Die Seefahrerschilder über den Pubs zeugen von wilden Gesellen, die in Exeter zu Hause waren. Unter ihnen ein gewisser Admiral Francis Drake, der im »Mol's Coffee House« bei reichlich Bier und Kerzenschein den Plan zum Sieg über die spanische Armada ausgeheckt haben soll.

Vielleicht wendet die Statue des Richard Hooker vor dem Domplatz aufgrund dieser etwas anrüchigen Gesellschaft ihren Blick beschämt ab. Der große Theologe aus dem 16. Jahrhundert wurde hier in Exeter geboren und schuf mit seinem Hauptwerk *Eclesias and Policy* die Grundlagenschrift der Church of England.
An die Grundlagen der Existenz geht auch einer der geführten Stadtrundgänge mit den Rotröcken, die sich in Exeter nicht nur bestens auskennen, sondern die auch immer zu einem makabren Scherz aufgelegt sind. Auf keinen Fall verpassen sollte man die *Exeter Ghosts & Legends Tour* mit einem *Red Coat Guide* wie John. Der kreative Stadtführer kann Geschichten erzählen, die unter die Haut gehen. Gruselgeschichten von Poltergeistern, Seeungeheuern und Gespenstern kennt er zu jedem Haus, verteilt Rosmarinzweige zum Schutz vor bösen Geistern und beginnt seine Tour mit: »Wie viele sind wir, manchmal verliere ich auch Leute, die man nie mehr wiedersieht.« Die gruselige Führung endet im Pub

»The Well House«, in dem man beim Abschiedsdrink dann eine Urkunde erhält, die einem das Überleben der *Mysterytour* bestätigt.

Lucy und die Kellergeister

Nicht aber, bevor man die letzte Gruselszene im Keller des Pubs überstanden hat. Dort gibt es einen Brunnen aus römischer Zeit, Teil des 600 Jahre alten einzigen unterirdischen Aquädukts, der in Großbritannien zu finden ist. Hier sollen allerlei Unholde ihr Unwesen treiben. In einer Glasvitrine wird das Skelett von Lucy aufgehoben, die in der Zeit der Pest starb, das grün schimmernde Amulett um ihren Hals bleibt ein Geheimnis. Oder die Geschichte vom Metzger, der damit prahlte, eine Nacht ohne Kerze im Keller neben dem verrufenen Brunnen aushalten zu können. Leider war sein Freund, der ihm zum Sieg in dieser Wette verhelfen sollte, indem er ihn in der Nacht raus- und morgens wieder hineinließ, so betört vom dunklen Biere, dass er die Wette vergaß. Als man am nächsten Tag den Keller öffnete, kauerte der Metzger mit aschgrauem Bart und um 100 Jahre gealtert in der Ecke. Man trug ihn ans Tageslicht vor den Platz der Kathedrale, und nach kurzem Lebenszeichen schied er endgültig dahin. Mit todernster Miene und bestem britischem Humor zeigt John dann den Fleck auf dem Rasen, wo alles geschah, und versichert, dass bis heute an dieser Stelle kein Gras mehr wachse. Aber keine Sorge, Exeter ist mittlerweile eine junge, lebendige Einkaufs-, Verwaltungs- und Universitätsstadt, in der keiner mehr fürchten muss, von einem Piraten entführt zu werden.

FREIBEUTER DER MEERE

Ob es nun das »Ship Inn« in der St. Martin's Lane oder »Mol's Coffee House« am Cathedral Close war, man weiß es nicht so genau. In 16. Jahrhundert war Exeter eine der reichsten Städte in Südengland, in der sich alles traf, was in der Seefahrt Rang und Namen hatte. In einer dunklen Spelunke in Exeter soll Francis Drake (1540–1596), geadelter Pirat ihrer Majestät Elisabeth I. (1533–1603), den Plan zum ruhmreichen Sieg über die spanische Armada im Jahre 1588 ausgeheckt haben. Ob John Hawkins, der afrikanische Sklaven in die Karibik verschiffte, Humphrey Gilbert, der 1583 Neufundland für die Queen eroberte, oder Sir Walter Raleigh, der in der Neuen Welt die Kolonie Virginia gründete und der seinen Reichtum in sein mondänes Sherborne Castle steckte: Wie Sir Francis Drake waren sie alle Eroberer, Abenteurer und Günstlinge der Mächtigen, solange sie diesen nützlich waren. Ihr Ende war bitter, sie starben an Fieber, im Sturm auf See oder wurden hingerichtet. The Ship Inn, 1–3 St. Martin's Lane, Exeter EX1 1EY, Tel. +44/(0)1392-272040.

WEITERE INFORMATIONEN

Visitor Information, Civic Centre, Dix's Field, Devon EX1 1GF, Tel. +44/(0)1392-665700, www.exeter.gov.uk/visiting
Websites: www.exeter-cathedral.org.uk
www.rammuseum.org.uk

Die Königin der englischen Kriminalliteratur Agatha Christie begegnet einem in Torquay überall. Vom Jachthafen aus starten die Christie-Kreuzfahrten (oben), ihre Büste ziert die Gartenanlagen am Pavilion (unten) und im Torquay Museum gibt es eine sehenswerte Dauerausstellung. Den Riviera-Charme findet man am Hafen (rechte Seite unten).

39 Lebhaftes Torquay – Heimat der *Queen of Crime*

Englische Riviera mit weltweitem Ruhm

Torquay an der Torbay gilt als die »Königin der Englischen Riviera«. Auch wenn der einstige Charakter des mondänen Seebads sich gewandelt hat zu einem modernen Urlaubsort, die palmengesäumte Strandpromenade, der schöne Jachthafen und die viktorianischen Häuser sind immer einen Besuch wert. Auch die berühmte Schriftstellerin Agatha Christie (1890–1976) begegnet einem auf Schritt und Tritt.

Torquay bildet, mit den Nachbarorten Babbacombe, Cockington und Paignton und dem etwas weiter südlich gelegenen Brixham, die 35 Kilometer lange Englische Riviera. Das Erholungs- und Urlaubsgebiet an der Torbay zeichnet sich durch ein mildes Klima aus, das schon zu Zeiten der Napoleonischen Kriege die wohlhabenden Engländer hierher in die Sommerfrische zog. Im 19. Jahrhundert erlebte Torquay, das übrigens wie Rom auf sieben Hügeln erbaut wurde, seinen Aufstieg zum beliebten internationalen Kurort.
Heute gibt sich ein bunt gemischtes Publikum ein Stelldichein, in Torquay trifft man viele Sprachschüler aus aller Welt, Paignton zieht überwiegend Familien mit Kindern an. Der bescheidene Badeort glänzt zudem mit einem ausgezeichneten Zoo und dem imposanten Oldway Mansion, dem Wohnhaus des Nähmaschinengiganten Isaac Merritt Singer, das kostenlos besichtigt werden kann. Und in Brixham findet man den schönsten Hafen der Englischen Riviera.

Luxusjachten und Weltumsegler

Torquay geht, wie so manch anderer Ort an der Küste, auf die Gründung eines Klosters zurück, in diesem Fall war es eine Prämonstratenserabtei im Jahr 1196. Die Anlage Torre Abbey mit den schönen Gärten, darunter die umfangreiche Sammlung medizinischer Pflanzen der Agatha Christie, kann heute nach mehrjährigen Restaurierungsarbeiten wieder besichtigt werden. Neben einer Kunstgalerie mit Gemälden aus den letzten drei Jahrhunderten wird auch der *Spanish Barn*, die ehemalige Zehntscheune, für Feierlichkeiten genutzt.
Dass darin einst an die 400 spanische Seeleute der Armada gefangen gehalten wurden, ist nur noch eine Randnotiz der Geschichte. Heute glänzen die Luxusjachten im Hafen und die viktorianischen Hotels mit ihren pastellfarbenen Fassaden und den weißen Geländern in der Sonne, flanieren die Pärchen durch die Royal-Terrace-Gartenanlagen zum Konzertabend in den gusseisernen *Pavilion* wie zu alten Zeiten. Etwas weniger idyl-

lisch, trotzdem nicht minder interessant, geht es in Brixham zu, denn der Fischereihafen ist nach wie vor äußerst lebendig. Die lange Tradition ist noch zu spüren, verfügte man doch 1850 mit 270 Schiffen über die größte Fischfangflotte Englands. So wundert es nicht, dass hier ein Nachbau der »Golden Hinde« als Museumsschiff vor Anker liegt, jener Fregatte, mit der Sir Francis Drake 1577 die Welt umsegelte.

Auf den Spuren der *Queen of Crime*

Die berühmteste Persönlichkeit der Englischen Riviera ist zweifellos Agatha Christie, die *Queen of Crime* wurde am 15. September 1890 in Torquay geboren. Am Hafen wurde zu ihrem einhundertsten Geburtstag eine bronzene Büste aufgestellt, die ein wenig melancholisch den Kopf neigt und dem bunten Treiben auf der Promenade zuschaut. Doch das ist nicht der einzige Ort, an dem man den Spuren der großen Schriftstellerin folgen kann. Das Torquay Museum beherbergt die einzige Dauerausstellung in Großbritannien, die der Autorin mit Fotografien, Bildern und Erstausgaben ihrer Romane die Ehre erweist. Der Princess Pier war ihr Lieblingsplatz zum Rollschuhfahren, im *Pavilion* hielt nach einem gemeinsamen Besuch eines Wagner-Konzertes Archie Christie um die Hand der jungen Agatha Miller an, und in der Leuchtturmbucht wäre die Schriftstellerin einmal beinahe ertrunken. Mit ihrem zweiten Ehemann Max Mallowan kaufte sie 1938 das Ferienhaus Greenway am Ufer des Flusses Dart. Ihre Liebe zu ihrer Heimat Devon und ihren kontrastreichen Landschaften spiegelt sich in ihrem gesamten Werk wider.

BUSTOUR ZU AGATHA

Ein stilvolles Erlebnis ist die Fahrt mit dem 1940er »Barnaby«Oldtimerbus von Torquay zum Landsitz Greenway House der berühmtesten Tochter der Stadt, Agatha Christie. Im wunderbaren, 30 Hektar großen Park am River Dart verbrachte die Schriftstellerin die Sommermonate und das Weihnachtsfest. Das vom National Trust renovierte Haus ist seit einigen Jahren wieder zu besichtigen. Bereits während der Busfahrt, die an der Belgrave Road in Torquay startet, erfährt man so manche Anekdote aus dem Leben der Dame Agatha. Der Fahrer, stilgerecht mit weißem Hut und Jackett gekleidet, zeigt das Grand Hotel, wo am Heiligabend 1914 Agatha und Archie ihre Flitterwochen verbrachten. Noch heute gibt es die Agatha Christie Suite, ganz ohne Mord, im Hotel.
Greenway Ferry, 13 The Quay, Brixham, TQ5 0ES. Tel. +44/(0)1803-882811, www.greenwayferry.co.uk

WEITERE INFORMATIONEN

English Riviera Tourism Company, 5 Vaughan Parade, Torquay, Devon TQ2 5JG, Tel. +44/(0)844-4742233, www.englishriviera.co.uk
Websites: www.torquay.com
www.torre-abbey.org.uk
www.torquaymuseum.org
www.torbay.gov.uk

Bescheidenheit ist im Wettbewerb um Gäste nicht immer Erfolg versprechend, in Dartmouth ist das anders. Erfrischend unaufdringlich kommt man daher, ob an den Bootsanlegern (unten) oder der mediterranen Uferpromenade (rechte Seite unten). Wem diese Harmonie dann doch etwas zu viel ist, stürzt sich in die Fluten der Blackpool Sands (oben).

40 Dartmouth – bescheidene Schönheit

Hübsch, hübscher – Dartmouth

Es gibt Ortschaften, in die man sich auf den ersten Blick verlieben kann. Dartmouth an der Mündung des River Dart ist so ein Fall. Selbst der zweite Blick hält dem kritischen Auge stand, nicht ohne Grund gilt die Kleinstadt unter Kennern als das schönste Hafenstädtchen in Devon. Und im Britannia Royal Naval College durchlaufen die Prinzen der königlichen Familie ihr Offizierstraining.

Wer auf solch eine ruhmreiche Geschichte der Seefahrt zurückblicken kann, darf ruhig ein wenig stolz sein. Doch das ist nicht unbedingt die Art, wie man sich in Dartmouth gibt: Bescheidenheit scheint hier eine Zier zu sein, ein freundliches Willkommen begegnet einem allenthalben, und eine gelassene Heiterkeit liegt über dem 6000 Einwohner zählenden Ort am Fluss Dart, der im Dartmoor-Nationalpark entspringt. An seiner breiten Mündung legten schon die Römer einen Hafen an. Von hier aus stach 1190 Richard Löwenherz zu seinem Kreuzzug ins Heilige Land in See, lief 1588 eine englische Flotte zum Kampf gegen die Armada aus, bereiteten sich über 400 amerikanische Kriegsschiffe im Zweiten Weltkrieg auf die Landung in der Normandie vor. Da verwundert es nicht, dass über der Stadt der große Gebäudekomplex des *Royal Naval College* thront, die Kaderschmiede der englischen Marine. Doch selbst dieser imposante Bau fügt sich nahezu perfekt in das harmonische Gesamtbild ein – hier in Dartmouth passen einfach Dimensionen und Ästhetik zusammen.

Mit Dampf zum Ruhm

Einen wunderbaren Blick auf den Ort und die trichterförmige Flussmündung hat man auch vom Dartmouth Castle aus, Ende des 15. Jahrhunderts errichtet, um den Zugang zum Hafen zu kontrollieren. Mit Kanonenkugelfeuer und schweren Eisenketten konnte der Fluss abgeriegelt werden. Ein berühmter Schmied und Eisenwarenhändler aus Dartmouth war Thomas Newcomen (1664–1729), der die erste atmosphärische Dampfmaschine konstruierte und in Bergwerken zum Abpumpen des eindringenden Grundwassers einsetzte. Und das, bevor rund 60 Jahre später James Watt mit seiner Dampfmaschine die industrielle Revolution forcierte. In der Nähe der Touristeninformation ist eine solche Maschine im *Newcomen Engine House* zu bewundern. Ganz ohne Dampf schlendert man dann vorbei am kleinen inneren Hafenbecken, durch die

schmalen Gassen der Duke Street und der Victoria Road zur Charles Street und zum Market Square. Bewundert die schönen Fachwerkhäuser und Kolonnaden aus dem 17. Jahrhundert am Butterwalk und muss an der Flussuferpromenade aufpassen, dass die frechen Möwen einem nicht das leckere Krabben-Sandwich aus dem »Crab Shell« in der Raleigh Street im Fluge aus der Hand stibitzen.

Schwungvolle Festivalszene

Dartmouth weist außerdem eine breite Palette an Festivals auf, die jedes Jahr den Ort zum beliebten Ausflugsziel machen. Man geht natürlich zur »Port of Dartmouth Royal«-Regatta, wenn Ende August Ruder-, Segel- und Schwimmwettbewerbe die Besucher anziehen und ein maritimes Flair den Ort umgibt. Im Oktober hat sich das *Dartmouth Food Festival* etabliert, wenn Haubenköche ihre Gourmetschürzen anlegen und alle Restaurants und Lebensmittelläden der Stadt Beispiele ihrer kreativen Kochkunst zeigen. Mitte Mai versammelt sich Jung und Alt zum Dart Music Festival. Dann wird von Jazz über Rock, Pop und Folk bis zu klassischer Musik, Chören und Musik-Workshops alles geboten, was die Ohren verwöhnt. Das Musikfestival hat sich einen so guten Namen gemacht, dass die Unterkünfte während dieser Zeit praktisch ausgebucht sind. Abgekühlt wird sich nach dem Abfeiern dann an den Blackpool Sands. Die weitläufigen, hellen Sandstrände bei Strete mit den Pinienwäldern im Rücken liegen nur fünf Kilometer südlich von Dartmouth und kühlen die Seele nach allzu heißen Tanznächten am River Dart.

NÄCHTIGEN WIE DIE CELEBRITIES

Wenn ein Hotel im Laufe seiner Geschichte eine lange Liste prominenter Gäste vorzuweisen hat, kann das leicht zu eingebildetem Snobismus führen. Nicht so im »Royal Castle Hotel« in Dartmouth. Prinz Charles und Prinz Andrew haben hier gelegentlich einen Drink genossen, berühmte Weltumsegler wie Sir Francis Chichester oder Filmstars von Cary Grant über Faye Dunnaway bis Donald Sutherland hier übernachtet. Die Anfänge des Hotels reichen ins Jahr 1630 zurück, als in den Kellern Portwein, französischer Brandy und Rum aus Jamaika auf die durstigen Seeleute warteten. Komfortable Zimmer, erstklassiger Service und ein herrlicher Hafenblick machen das Haus zum Schmuckstück des Orts. The Royal Castle Hotel, The Quay, Dartmouth, Devon TQ6 9PS, Tel. +44/(0)1803-833033, www.royalcastlehotel.co.uk

WEITERE INFORMATIONEN

Tourist Information Centre, The Engine House, Mayor's Avenue, Dartmouth, Devon TQ6 9YY, Tel. +44/(0)1803-834224, www.discoverdartmouth.com
Websites: www.dartmusicfestival.co.uk
www.dartmouthfoodfestival.com
www.dartmouthregatta.co.uk
www.blackpoolsands.co.uk

Unter den Seefahrern nimmt Sir Francis Drake einen herausragenden Platz ein, nicht nur weil er die Armada in die Flucht schlug. Nach Magellan gelang ihm als zweitem Kapitän, die Welt zu umsegeln. Sein Denkmal am Plymouth Hoe (unten) überblickt den Hafen (rechte Seite unten). Noch heute ist Plymouth ein wichtiger Militärstützpunkt (oben).

41 Plymouth – Sir Francis Drake auf dem Hoe

Moderne Hafenstadt mit altem Viertel

Im traditionsreichen Plymouth, neben Southampton und Portsmouth wichtigste Hafenstadt an der südenglischen Küste, kann man den Spuren von Sir Francis Drake, den *Pilgrim Fathers* und der »Mayflower« folgen. Elisabethanisches Flair genießt man in den engen Gassen des Barbican, auch das große National Marine Aquarium direkt am Hafenbecken ist eine besondere Attraktion.

Umgeben von weiten Mooren und dramatischen Küstenlandschaften, wird Plymouth seit Jahrhunderten geprägt vom Meer. Der natürliche große Hafen und die mächtigen Kaufmanns- und Marinegebäude verleihen Plymouth seinen unverwechselbaren Charakter. Umrahmt von den beiden Flüssen Tamar und Plym, liegt die 250 000-Einwohner-Stadt an der Meerenge des Plymouth Sound da wie ein offenes Marinegeschichtsbuch. Hier begann der Aufstieg Englands zur Seemacht, von hier aus startete die Besiedlung Amerikas und hier befindet sich der größte Marinehafen Westeuropas. Im Jahr 1588 tauchte an diesem Küstenabschnitt die spanische Armada auf und wurde von Sir Francis Drake in die Flucht geschlagen. Nur 32 Jahre später nahm von Plymouth aus die »Mayflower« Kurs auf Amerika, und 1768 stach von hier aus James Cook in See, um auf seiner Expeditionsreise die Ostküste Australiens zu entdecken. Im Zweiten Weltkrieg durch deutsche Bombenangriffe fast völlig zerstört, gibt es neben vielen Geschäfts- und Industriezentren dennoch das traditionelle, zum Hafen hin ausgerichtete Plymouth mit seinen sehenswerten Vierteln, Geschäften, Restaurants und traditionellen Seefahrer-Pubs.

Von der Höhe und in die Tiefe

Einen wundervollen Blick auf den Hafen, das Meer und die Stadt hat man vom hügeligen Kalksteinplateau The Hoe aus. In der Mitte der weitläufigen Rasenflächen des Parks steht die Statue des Sir Francis Drake, der hier eigentlich noch seine Bowlingpartie beenden wollte, bevor er die Armada-Flotte verjagte. Es lohnt sich auch, den rot-weiß gestreiften Smeaton's-Leuchtturm von 1759 zu erklimmen, die Rundsicht von dort oben über den Sound ist einfach gigantisch. Hier kann man sich gut vorstellen, dass bei Sturm und schwerer See die Gewässer um Plymouth zu den gefährlichsten an der Südküste gehören. Im Plymouth Sound liegen allein 526 Schiffwracks, zwei davon stehen unter dem besonderen Schutz des *English Heritage* und kön-

nen heute auf lizenzierten Tauchgängen erkundet werden.
Die »Coronation«, ein Kriegsschiff mit 90 Kanonen, ging am 3. September 1691 unter. Das in Plymouth gebaute Schiff mit 660 Mann Besatzung beschützte die Küste vor französischen und spanischen Überfällen, geriet auf dem Rückweg von Torbay in einen schweren Sturm und sank im Plymouth Sound. Kapitän Charles Skelton und viele Seeleute verloren ihr Leben. Auch die »Cattewater«, ein Handelsschiff von 300 Tonnen, sank hier samt Ladung zwischen 1480 und 1550. Zu jener Zeit wurden Zinn, Kleidung und gesalzener Fisch exportiert, Weinfässer aus Spanien und Frankreich nach England importiert.

Altes Hafenviertel und neues Aquarium

Auf diese Fässer darf man sicher nicht mehr hoffen, deren Inhalt hat inzwischen die Fische erfreut. Doch das braucht einen nicht weiter zu grämen, finden sich im Barbican, dem historischen alten Hafenviertel mit seinen verwinkelten Gassen und urigen Bars ausreichend Gelegenheiten, Hunger und Durst zu stillen. Ob in der Kultimbissbude »Cap'n Jaspers« am Whitehouse Pier oder im »Watering Hole Pub« direkt am Fischerhafen, Seemannsgarn und fröhliche Atmosphäre versüßen hier den Tag. Weniger fröhlich, dennoch zuversichtlich gestimmt waren wohl die *Pilgrim Fathers*, die am Südende des Sutton Harbour 1620 ihre Boote bestiegen, um mit der »Mayflower« Amerika zu besiedeln. Eine im Boden befestigte Steinplatte markiert diesen geschichtsträchtigen Ort. Von hier aus kann man mit einer kurzen Bootsfahrt zum Royal William Yard übersetzen, einem neuen Szeneviertel mit Cafés, Restaurants, Galerien, Büros und Apartments in den ehemaligen Proviantlagerhallen der *Royal Navy*. Oder dem National Marine Aquarium mit seinen drei Etagen voller Meeres-, Riff- und Korallenlebewesen einen Besuch abstatten.

EDELWÄSSERCHEN PLYMOUTH GIN

Ein Besuch des Stadtteils The Barbican wäre unvollständig ohne eine Führung in der Destillerie Plymouth Gin, der ältesten Ginbrennerei in England. Das Gebäude stammt aus dem 14. Jahrhundert, 1620 sollen die *Pilgrim Fathers* hier ihre letzte Nacht verbracht haben, bevor sie in die Neue Welt aufbrachen. Der junge Mr. Coates war 1793 der erste, der den typischen Plymouth Gin herstellte, seitdem wurde jeder einzelne Tropfen ausschließlich hier in diesen Gebäuden gebrannt. Und das, obwohl man um 1900 zu den weltweit am meisten verkauften Marken zählte. Auch heute gehört Plymouth Gin zu den Edelmarken unter den Hochprozentigen. Sein Aroma und seine Sanftheit bekommen durch das traditionelle Brennverfahren in Handarbeit und das Quellwasser aus dem Dartmoor ihre Vollendung. Plymouth Gin, Black Friars Distillery, 60 Southside Street, The Barbican, Plymouth PL1 2LQ, Tel. +44/(0)1752-665292, www.plymouthgin.com

WEITERE INFORMATIONEN

Tourist Information Centre, Mayflower Centre, 3–5 Barbican, Plymouth PL1 2LR, Tel. +44/(0)1752-306330, www.visitplymouth.co.uk
Websites: www.plymouthbarbican.com
www.national-aquarium.co.uk

Das Dartmoor bietet auch für Reiterferien die besten Voraussetzungen. Rund 3000 frei umherziehende Wild-Ponys gibt es noch (oben), die meisten sind an die Begegnung mit Menschen gewöhnt. Durch stille Täler fließen kleine Bäche (unten) und wer die Einsamkeit sucht, findet die Schönheit der Natur am Ende eines Regenbogens (rechte Seite).

42 Einsamkeit im Dartmoor National Park

Jazzklänge im Nebel

Die 954 Quadratkilometer großen Moor-, Heide- und Hügellandschaften des Dartmoor sind so einzigartig und geheimnisvoll wie gefährlich. Sie zählen zu den letzten Wildnissen Europas. Einsame Moore, wild lebende Ponys, urzeitliche Steinkreise und kleine Dörfer, die im dichten Nebel verschwinden: das Dartmoor beflügelt die Fantasie und mahnt zur Vorsicht.

Südenglischer Lebensstil ist mit Gärten untrennbar verbunden, dazu gehören auch die kleinen Paradiese, die versteckt vor dem Lärm der Welt eine Symbiose bieten aus Natur und Kultur, wie sie selten geworden ist. Kommt dann noch anstatt Design Kunst hinzu, trifft man auf Orte, die man am liebsten nicht mehr verlassen will. Die *Stone Lane Gardens* bei Chagford am Nordrand des Dartmoor sind solch ein Glücksfall. Schon der Weg zur Stone Lane Farm und ihrem mythischen Garten gleicht einem Abenteuer. Kein großes Schild, keine Hinweistafel, nichts zu sehen. Nur das geheimnisvolle Dartmoor ringsherum. Dornige Hecken, hohe, dichte Ginsterbüsche, und nur an einer der wenigen Wegkreuzungen wird der Blick frei auf die grandiose Weite des Hochmoors. Und hier, am nördlichen Ende des Nationalparks Dartmoor soll ein Arboretum von internationaler Bedeutung liegen? Immerhin einige tausend Besucher im Jahr finden das abgelegene Anwesen zwischen Chagford und Drewsteignton nahe dem Castle Drogo. Die Suche lohnt sich, denn schon das freundliche Willkommen entschädigt für so manche Irrfahrt.

Garten ohne große Gesten

June und Kenneth Ashburner haben hier in der geheimnisvollen Landschaft des Dartmoor mit *The Mythic Garden and Sculpture Exhibition* eine einzigartige Symbiose aus Wissenschaft, Natur und Kunst geschaffen. In einem zwei Hektar großen Landschaftsgarten wird die nationale Birken- und Erlensammlung betreut, aus Bäumen, die alle von Wildsamen aus der nördlichen Hemisphäre stammen. Der passionierte Jazzmusiker Kenneth – er starb 2010 – widmete jede freie Minute den Bäumen und Pflanzen seines Anwesens. Aber das nur begleitend, gelegentlich behutsam korrigierend, denn er war kein Mann der großen Gesten. Der natürliche Prozess des Werdens und Vergehens, unterstützt von unsichtbarer Hand, ist hier in jeder Nische zu spüren. Seine Gartenphilosophie, über das Wort lächelte er dezent, lässt sich kurz, aber

Am nordwestlichen Ende des Dartmoor Nationalparks liegt Lydford, das früher vom Zinnbergbau lebte (oben). Den Schafen wird überall Vorfahrt gewährt (Mitte), während Kletterer gut beraten sind, ihre Touren vorher bekannt zu machen (unten). Nicht nur rau, sondern auch lieblich kann die Landschaft im Dartmoor erscheinen (rechte Seite unten).

treffend mit der Geschichte von einem berühmten chinesischen Gärtner erklären. Als dieser gefragt wurde, warum in seinen Händen alles so vorzüglich wachse und gedeihe, antwortete der alte Mann: »Ich pflanze den Baum und dann lasse ich ihn in Ruhe. Das ist das ganze Geheimnis.«

Skulpturen und Bäume in Harmonie

Botaniker erkannten schnell den Wert dieser Arbeit und unterstützten die Ashburners beim Aufbau des Arboretums, 1970 wurden die ersten Bäume gepflanzt. Als die Baumgruppen eine stattliche Größe erreicht hatten, wurde deutlich, dass sie zu einem idealen Hintergrund für Skulpturen heranwuchsen. Was als wissenschaftliche Vergleichsstudie und Erhaltungszüchtung von vom Aussterben bedrohter Wildbäumen begann, wurde wie in einem natürlichen Prozess mit Kunstwerken erweitert, von denen manche das ganze Jahr über zu sehen sind, manche in thematischen Ausstellungen angeordnet, die von Ashburners Frau June und ihren Künstlern harmonisch in das Gesamtensemble integriert werden. Im Zusammenspiel mit seltenen Farnen, kleinen Bächen und behutsam in die Landschaft eingefügten Teichen strahlen die Skulpturen tanzender Hasen, trauriger Waldgeister und menschenähnlicher Wesen eine magische Kraft aus.
Das Dartmoor im Hintergrund tut ein Übriges. Sanft fällt das Licht durch die zart raschelnden Blätter, legt sich auf einen leise vor sich hinplätschernden Bach, wirft Schatten auf das melancholische Antlitz geheimnisvoller Skulpturen aus Baumstämmen, die halb von Efeu überwuchert werden. Wenn irgendwo dort draußen im Dartmoor dann in der Dämmerung ein Hund bellt und von der Terrasse der Stone Lane Farm her Saxophonklänge durch den aufkommenden Nebel dringen, wähnt man sich in einer anderen Welt.

Yugen im Dartmoor

June Ashburner, ausgewiesene Kunstkennerin und selbst Malerin, stellt den kommerziellen Aspekt der Ausstellungen hinten an: »Die meisten Künstler kommen zu uns, weil sie die magische Kraft des Gartens spüren und mit ihren Werken in dieser Umgebung eins werden. Zu jeder Tages- und Jahreszeit hat der Garten sein unverwechselbares Gesicht. Ich liebe besonders den Morgen, die Dämmerung und den Herbst.« Und dann zeigt sie mit leichter Handbewegung auf einen Tautropfen, in dem sich die Farbe einer Blüte reflektiert, und erzählt vom Mönch Shotetsu, der im 15. Jahrhundert das geheimnisvolle Yugen, das Mysterium priesterlicher Gartengestalter im alten Japan, beschreibt als den Wolkenschleier, der den Mond verhüllt oder den Herbstnebel, der sich über die tiefroten Blätter der Bäume legt. Eine innere Ruhe, fast Reglosigkeit, immer aber tiefe Gelassenheit umgibt die *Stone Lane Gardens*, umringt von der mystischen Atmosphäre der letzten Wildnis Südenglands, dem Dartmoor National Park.

Wandern in der Wildnis

Noch heute kommen immer wieder Menschen hierher, um an geheimnisvollen Steinkreisen, auf mit Granitbrocken markierten Pfaden, von denen Energiewellen ausgehen sollen, Blumenkränze

mitten im Hochmoor abzulegen. Sie feiern obskure Feste in mondhellen Nächten und baden in kristallklaren Quellbächen. Auf der unendlich erscheinenden Hochebene wähnt man sich dem Himmelsgestirn näher als der Erde, riesige Wolkenformationen ziehen über den Horizont, werfen dunkle Schatten auf die Steinkreise und tauchen die Landschaft in surreales Licht.
Sich ganz dem Zauber hinzugeben, ist nicht ungefährlich. Immer wieder verschwinden noch heute Menschen im Dartmoor, denn das Wetter kann innerhalb von Minuten umschlagen, können schwarze Wolken heftigen Regen auf die Hochebene werfen und sofort undurchdringliche Nebel aufziehen, die einen die Hand vor den Augen nicht mehr erkennen lassen. Selbst erfahrene Wanderer geistern dann, verloren zwischen Himmel und Erde, im Zickzackkurs durch das Hochmoor. Manche werden erst nach Tagen wiedergefunden, verwirrt, verfroren, ausgehungert und durstig.
Wohl dem, der in solch ein Wetter gerät, der in der Nähe der *Stone Lane Gardens* wandert und der plötzlich Jazzklänge vernimmt. Mit dem Mut, der Musik zu folgen, ist Rettung nahe. Und er erfährt eine Geschichte über das Immerwährende im Flüchtigen, den ewigen Nachklang aller vergänglichen Dinge, über *Betula nigra*, die Flussbirken aus Missouri, oder *Alnus cordata*, die schnellwachsenden Erlen vom Col San Stefano aus Korsika. Jeder Besucher kann einen Beitrag zur Verbreitung selten gewordener Wildbäume leisten, indem er sich Setzlinge von der Stone Lane Farm für seinen eigenen Garten mitnimmt, seinen Freunden den Weg dorthin verrät und von einem meditativen Gartenerlebnis im Dartmoor erzählt, einem Ort, an dem man so offen wie unaufdringlich für den Erhalt seltener Baumarten lebt.

WEGE UND BRÜCKEN IM DARTMOOR

Die Pfade durch das Dartmoor wurden mit Felsbrocken markiert, manche auch mit Granitkreuzen, um mittelalterliche Abteien miteinander zu verbinden. Dabei war die Höhe, mit der die Felssteine aus dem Boden ragten, ein Hinweis auf die Entfernung. Immer wieder trifft man auch auf sogenannte *Clapper Bridges*, aus schmalen Granitplatten geformte Brücken, die über Bäche und kleine Flussläufe führen. Schon in der Bronzezeit waren Zinnvorkommen im Dartmoor bekannt. Im Mittelalter wurden dann diese Granitsteinbrücken gebaut, um das Zinn und andere Güter wie etwa Wolle mit den Dartmoor-Ponys zum nächsten Handelsplatz zu transportieren. Die größte noch erhaltene *Clapper Bridge* aus dem 13. Jahrhundert findet man bei Postbridge, einst ein wichtiger Zwischenstopp auf der Handelsroute von Chagford nach Tavistock. Hotelempfehlung: Lydgate House, Postbridge, Dartmoor, Devon PL20 6TJ, Tel. +44/(0)1822-880209, www.lydgatehouse.co.uk

WEITERE INFORMATIONEN

Dartmoor Partnership, 6 Higher Stockley Mead, Okehampton EX20 1FJ, Tel. +44/(0) 1837-52200, www.dartmoor.co.uk
Websites: www.stonelanegardens.com
www.dartmoor-npa.gov.uk

Das kleine Städtchen Lynmouth an der Mündung des Lyn in den Bristol Channel (oben) schmiegt sich eng an die Hügel und Berge der Nordküste Devons. Im Sommer ein beliebter Urlaubsort, drängen sich die Touristen durch die schmalen Gassen. Erst zum Sonnenuntergang im Valley of the Rocks (rechte Seite unten) wird es wieder ruhiger.

43 Lynton & Lynmouth – Meer pur

Romantische Orte von wilder Schönheit

Die Zwillingsstädtchen Lynton und Lynmouth liegen in den unberührten Küstenlandschaften im Norden Devons. Im 19. Jahrhundert zur Erholungsgegend aufgestiegen, bekam man aufgrund der Küsten, Klippen und Hügel den Beinamen die »kleine Schweiz Englands«. Wanderer lieben das Valley of the Rocks, Eisenbahnfreunde die Dampflokomotivenstrecke an der Woody Bay Station.

Der kleine Ort Lynmouth mit seinem Hafen und den an die Felswände des Lyn-Flusstals geschmiegten Häusern liegt direkt am Bristol Channel, an Sonnentagen ein äußerst romantisches Fleckchen Erde. Doch bei Sturm und Regen wird aus der Idylle schnell eine sehr ungemütliche Gegend, werden Erinnerungen an den 15. August 1952 wach. Die Wellen peitschten gegen die Uferpromenade, und der Fluss trat nach zwei Wochen langen heftigen Regenfällen plötzlich über die Ufer. Über 98 Häuser wurden zerstört, 34 Menschen ertranken, 28 Brücken zerbrachen und 132 Autos wurden ins Meer gespült. Mit der Standseilbahn konnte noch vieles gerettet werden, doch von dem oben auf den Klippen gelegenen Lynton aus erschien Lynmouth wie ein einziger Ort der Verwüstung.
Heute ist alles längst wieder aufgebaut und befestigt, im kleinen, charmanten Lyn and Exmoor Museum wird die Erinnerung an die Katastrophe lebendig erhalten, werden viele Beispiele zum Leben an der Küste und im Exmoor gezeigt. Beide Orte sind während der Sommermonate gut besucht, doch selbst zu dieser Zeit kann man hier wunderbar wandern in stillen Tälern, entlang der dramatischen Küste oder hinein in das bewaldete Hügelland rund um Lynton.

Tit-Bits und Town Halls

Lynton und Lynmouth sind unweigerlich mit dem Namen Sir George Newnes (1851–1910) verbunden. Der Verleger hatte sich in die beiden Orte verliebt, besuchte sie regelmäßig und wurde ihr größter Sponsor. Sein Reichtum und sein Enthusiasmus machten Lynton und Lynmouth zu populären Urlaubsorten der viktorianischen Zeit. Er baute in Lynton Hollerday House, verbrachte mit seiner Frau Priscilla und seiner Familie die Ferien hier und spendete den Orten die *Town Hall*, die Kirche und die *Cliff Railway*. Der in Matlock Bath in Derbyshire geborene George ging in London zur Schule, arbeitete als Herrenausstatter in Manchester und hatte mit 30 Jahren einen gro-

ßen Erfolg als Herausgeber eines Pfennig-Magazins namens *Tit-Bits*, das kurze, kleine Geschichten als Appetithappen verbreitete. Sein Interesse am Verlagswesen wuchs, so legte er zwei weitere Magazine auf, das *Country Life* und das *The Strand Magazine*, in dem Sir Arthur Conan Doyle erstmals seine Sherlock-Holmes-Geschichten veröffentlichte.
Zum Ende seines Lebens verließ George Newnes das Glück, er starb, durch finanzielle Probleme gesundheitlich angegriffen, 1910 in Hollerday House. Zur Überraschung seiner Familie tauchten riesige Schulden auf, das Haus wurde zum Verkauf ausgeschrieben, stand aber drei Jahre lang leer, bevor es unter mysteriösen Umständen niederbrannte. Eine Büste an der *Town Hall* erinnert an den Mann, der so viel für Lynton und Lynmouth getan hatte.
Im etwa anderthalb Kilometer westlich von Lynton gelegenen Valley of the Rocks erheben sich bizarre Felsen aus dem Talkessel, der aus einem vertrockneten Flussbett entstanden ist.

Wandern im Felsental

Man folgt von Lynton aus dem North Walk, einem Teil des South West Coast Path, vorbei an einigen der höchsten Klippen Englands, und genießt den Blick über die Lynmouth Bay und den Bristol Channel. Das parallel zum Meer verlaufende Tal wurde in der letzten Eiszeit geschaffen, Zeugnisse menschlicher Ansiedlungen aus der Stein- und Bronzezeit wurden hier entdeckt. Exmoor-Ponys, Schafe und Ziegen streifen zwischen den Felsen umher, ein wildromantischer Ort mit spektakulären Panoramen.
Die bekommt man auch während einer Fahrt mit der Lynton & Barnstaple-Dampfeisenbahn von 1898 geboten, schon die Woody Bay Station auf halber Strecke zwischen Lynton und Blackmore Gate mit ihrem edwardianischen *Tearoom* ist ein Erlebnis.

SEILBAHN MIT WASSERKRAFT

Grün ist nicht nur die Farbe der zwei Waggons. Grün ist auch die Energiebilanz eines technischen Meisterwerks, das seit dem 7. April 1890 die beiden Orte Lynton und Lynmouth an der Nordküste Devons verbindet. Denn diese Standseilbahn überbrückt nicht nur die 150 Meter tiefe Schlucht, ihre 263 Meter lange Schienenfahrtstrecke legt sie auch ohne jegliche Emission zurück. Mit Hilfe von zwei Wassertanks, von denen jeder 3200 Liter fasst, werden die Kabinen in Gegenrichtung laufend den Berg hoch- und heruntergezogen. Für das Bremssystem werden nur 45 Liter Wasser benötigt. George Croydon Marks, der spätere Baron Marks of Woolwich, war der geniale Konstrukteur. Heute eine Attraktion für Touristen, wurden bei der Überschwemmung 1952, als der River Lyn über die Ufer trat, Menschen und Autos aus Lynmouth damit gerettet. Lynton & Lynmouth Cliff Railway, Devon EX35 &EQ, Tel. +44/(0)1598-753486, www.cliffrailwaylynton.co.uk

WEITERE INFORMATIONEN

Tourist Information Centre, Town Hall, Lee Road, Lynton, Devon EX35 6BT, Tel. +44/(0)1598-752225, www.lynton-lynmouth-tourism.co.uk
Websites: www.risingsunlynmouth.co.uk
www.lynton-rail.co.uk

44 Eden Project – die Welt bewahren

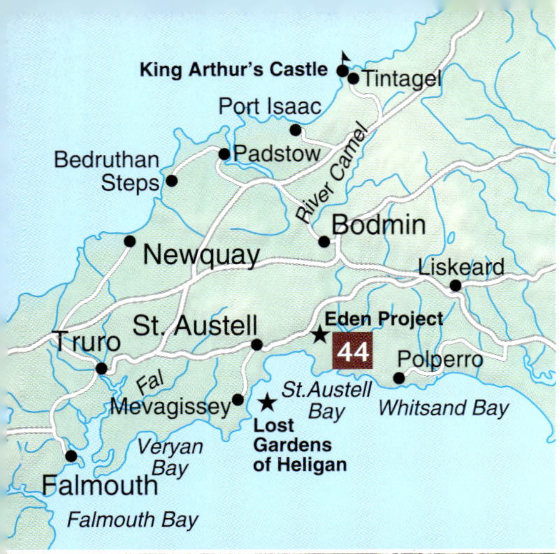

Die Biotope unter den Kuppeln des Eden Project (rechte Seite oben) wurden von Fachleuten geschaffen. So ist die Blüte der Titan Arum aus dem Regenwald Sumatras eine Seltenheit (oben), Gärtner Tim Grigg hat es schon zum fünften Mal geschafft. Da können die Insekten-Skulpturen (unten) und die Bacchantinnen (rechts unten) nur noch jubeln.

Öko-Ufos in alter Kaolingrube

Es gab eine ganze Reihe Aufsehen erregender Milleniumsprojekte in England, doch was wenige Kilometer nordöstlich von St. Austell, Cornwall, in einer verlassenen Kaolingrube im Jahr 2000 geschah, setzte neue Maßstäbe. Eden Project heißt das unbescheidene Vorhaben, die größten Gewächshäuser der Welt und eine futuristisch anmutende Präsentation der Klimazonen der Erde zu schaffen.

Wer große Visionen umsetzen will, braucht eine Menge Geld. Diese Tatsache hat einen Mann wie Tim Smit noch nie davon abgehalten, seine Vorstellungen in die Realität umzusetzen. Als in den Töpfen der Milleniumsvorhaben in England Gelder zur Verfügung standen, wurden für sein Eden-Projekt 76 Millionen Pfund locker gemacht. Nicht zuletzt, weil Smit mit den Lost Gardens of Heligan eindrucksvoll bewiesen hatte, dass er solche Großprojekte konzipieren, leiten, realisieren und zum Besuchermagneten machen kann. Die dabei entstehenden Dauerarbeitsplätze sind auch nicht zu vernachlässigen.

Mit dem Eden Project hat er heute schon Geschichte geschrieben, manche bezeichnen es sogar als das 8. Weltwunder. Eines steht jedenfalls fest: Keiner, der sich den größten Gewächshäusern der Welt in der alten, 15 Hektar umfassenden und 60 Meter tiefen Grube nähert, bleibt davon unberührt. Schon die Ausmaße sind gigantisch. Ganze 35 Fußballfelder passen in das Areal, das »*Guinness-Buch der Rekorde*« hält fest, dass in das Regenwald-Biom locker der Tower of London unterzubringen wäre. Eden besitzt derzeit Millionen von Pflanzenarten aus mehr als 8000 verschiedenen Spezies. Seit dem März 2001 vollständig den Besuchern geöffnet, kamen bislang über 13 Millionen Menschen hierher, um das Wunderwerk aus Technik und Ökologie zu bestaunen. Das hat immerhin über 1,1 Milliarden Pfund für die örtliche Wirtschaft generiert. Wenn dann noch in Zukunft der Energiebedarf hoffentlich aus Solar- und Windkraftanlagen kommt, schließt sich der Kreis.

Die Philosophie des Gartens Eden

An diesen Fakten kommen auch Kritiker nicht vorbei. Gelegentlich ist zu hören, das ganze Projekt drifte ab in einen riesigen Freizeitpark mit grünem Anstrich, sei zu einer Geldmaschine mutiert, die sich wie ein Krake ausbreite und alles verschlinge, was nicht ins Konzept passe. Abgesehen davon, dass Ökologie und Ökonomie heutzutage sich durchaus die

Ob Mittelmeer-Biotop (oben) oder Regenwald (unten), die Pflanzenwelt im Eden Project fasziniert Besucher wie Botaniker. Man mag es drehen und wenden wie man will, das anfangs kritisch beäugte Großprojekt ist ein Erfolg. Auch das Hafen-Städtchen Fowey an der Mündung des gleichnamigen Flusses (rechte Seite unten) erlebt einen Aufschwung.

Hand reichen dürfen, sollte sich jeder ein eigenes Bild von Eden bei St. Austell machen. Schon der Blick von der Terrasse des Besucherzentrums auf die Ufo-ähnlichen Wabengewächshäuser ist die Reise wert. Dabei ist der Anspruch, den Menschen auf überschaubarem Raum eine unvergessliche Erfahrung zu den Klimazonen der Erde zu vermitteln, sie mit der faszinierenden Welt der Pflanzen vertraut zu machen und darüber hinaus eine eindringliche Mahnung erfühlen zu lassen, dass unser Überleben nur miteinander, nicht gegeneinander funktionieren kann, durchaus gelungen umgesetzt worden. Ob nun jede Ecke und Nische des Projekts auch höchsten wissenschaftlichen Ansprüchen genügt, können nur Fachleute entscheiden. Die große Zahl der Besucher jedenfalls findet die oft verspielte, unverkrampfte Art der Präsentation, die Mischung aus Spaß, Lerneffekt und Genuss durchaus ansprechend. Denn selbstverständlich werden auch in den modernen, luftigen und hellen Restaurantbereichen nur selbst gezogene oder ökologisch produzierte Waren angeboten und wird versucht, ein Beispiel für ganzheitliches Leben und Arbeiten zu geben.

Die Riesen des Regenwalds

Wie eine majestätische Regenwaldkathedrale ragt das feucht-tropische *Humid Tropics Biome* aus der Landschaft. Es ist Heimat des weltweit größten Regenwalds unter einem Dach, die Temperaturen unter der Wabe variieren zwischen 18 und 35 Grad Celsius, während die Luftfeuchtigkeit zwischen 90 Prozent in der Nacht und noch 60 Prozent am Tag schwankt. Dabei korrespondieren die spezifischen Eigenschaften des Wabenmaterials mit dem milden Klima Cornwalls, der reinen Luft und dem Wasserreichtum der Region. Denn die milchige Haut der Treibhäuser, bestehend aus einem speziellen Kunststoff, wiegt nur ein Prozent des Gewichtes von Glas, lässt UV-Licht durch, ist flexibel und »atmet«. So verwundert es nicht, dass bei wolkenfreiem Himmel und Sonnenschein den Besuchern geraten wird, sich mit Hut und Sonnencreme während des Gangs durch die Gewächshäuser vor Sonnenbrand zu schützen.

Mit einer Höhe von 55 Metern, die ohne Innenstützen erreicht wird, bietet das Treibhaus sogar Riesen des Regenwaldes wie Teak- und Mahagonibäumen genügend Platz, um zu voller Höhe auszuwachsen. Manche werden gar so groß, dass die Gärtner zum Stutzen mit Helium gefüllte Ballone benutzen müssen, um die Kronen zu erreichen. Ein Zeichen dafür, wie naturgetreu das Klima hier ausfällt, ist die Titanenwurz Titan Arum, eine Regenwaldpflanze aus Sumatra, die den größten unverzweigten Blütenstand der Welt besitzt. Die Pflanze zeigt ihre Blüte nur 48 Stunden lang und lockt mit einem impertinenten Gestank Insekten an. Eden-Project-Gärtner Tim Grigg hat sie schon fünfmal zur Blüte gebracht.

Die Düfte des Mittelmeerraums

In dem anderen, etwas kleineren *Warm Temperate Biome* gedeihen Früchte, Blumen und Pflanzen der Mittelmeerregion, Südafrikas und Kaliforniens in einem gemäßigt warmen Klima. Während die hohe Luftfeuchtigkeit im Regenwald dem ein oder anderen gerade unter dem Dach ein wenig zu schaffen macht, gerät der Weg durch das Mittelmeerklima zum

angenehmen Spaziergang. In der warmen, aber trockenen Luft betören die Düfte der Blumen, die gedämpften Farben der Wege und die wohlriechenden Blätter die Sinne. Das kleinere Gewächshaus ist immerhin auch noch 35 Meter hoch und fasst 536 Tonnen Luft.
Im Freigelände, dem *Outdoor Biome*, findet man halbkreisförmige Terrassen mit Pflanzen, die die Welt veränderten, und solche, die unsere Zukunft maßgeblich beeinflussen werden. Die Flora unserer Klimazone wird zusammen mit exotischen Pflanzen aus Chile, dem Himalaya oder Australien präsentiert. Ein Freilichttheater für 2000 Gäste und eine große Bühne geben Raum für eine Serie von thematischen Festivals, die den Sommer begleiten.
Auch wenn man sich mühelos einen ganzen Tag lang im Garten Eden aufhalten kann, reizt der Kontrast der ganz realen Alltagswelt zu Ausflügen ins benachbarte St. Austell und nach Fowey.

Schmuckstück Fowey

St. Austell und sein idyllischer Hafen Charlestown sind und waren wichtige Verkehrsknotenpunkte Cornwalls, von hier aus wurde das Kaolin für die Porzellanherstellung verschifft und weiter transportiert. Im *Shipwreck & Heritage Centre* am Hafen kann man die Seefahrtsgeschichte der Gegend nachvollziehen. Auch der malerische Hafen von Fowey ist einen Abstecher wert, die »Perle der kornischen Riviera«, wie man sich selbst gerne nennt, ist untrennbar mit der Schriftstellerin Daphne du Maurier verbunden, die in den 1920er-Jahren hier wohnte und in ihren Romanen wie *Jamaica Inn* die Gegend verewigte.

IM LAND DER WEISSEN BERGE

Der Südwesten Englands besitzt eine große Bergbau- und Minentradition. Auch dort, wo heute Millionen von Besuchern das Eden Project bestaunen, wurde einst Tonerde abgebaut. Am Rand der nächstgrößeren Stadt St. Austell liegt mit dem Wheal Martyn Museum und Country Park eines der am besten gehüteten Geheimnisse Cornwalls: Ein über zehn Hektar großer Park im historischen Ruddle Valley mit Ausstellungen zur viktorianischen Zeit, in der hier Porzellanerde abgebaut und verarbeitet wurde. In Wheal Martyn und Gomm gab es zwei Minen, auf einem der Hügel des bewaldeten Gebietes kann man noch eine Mine in Betrieb sehen. Welch große Bedeutung diese Industrie für das Leben der Menschen im Schatten der weißen Berge hatte, erkennt man in dem didaktisch und interaktiv bestens gestalteten Museum, an historischen Fahrzeugen, Gebäuden und Exponaten. Wheal Martyn, Carthew, St. Austell, Cornwall PL26 8XG, Tel. +44/(0)1726-850362, www.wheal-martyn.com

WEITERE INFORMATIONEN

Eden Project, Bodelva, Cornwall PL24 2SG, Tel. +44/(0)1726-811911, www.edenproject.com
Websites: www.staustelltown.co.uk
www.fowey.co.uk

45 Traumhafte Natur – The Lost Gardens of Heligan

Das wiederentdeckte Paradies

Jeder, der einen Garten besitzt, und sei er noch so klein, kennt das Problem: Soll man die Natur sich selbst überlassen oder behutsam gestaltend eingreifen? In den Verlorenen Gärten von Heligan in Cornwall in der Nähe der St. Austell Bay bekommt man die passende Antwort. Seit über 400 Jahren Sitz der Tremayne Familie, ist Heligan ein romantischer und mystischer Ort zugleich.

Selbst in naturnahe, ökologische Nutz- und Ziergärten scheint ein gelegentlicher Eingriff unumgänglich, aber was geschieht, wenn über Jahrzehnte wirklich nichts geschieht? Im großen Stil ist das in Cornwall zu besichtigen, in einem der größten Gartenrestaurierungsprojekte Europas der vergangenen Jahrzehnte, das für viel Aufsehen gesorgt hat: Die Verlorenen Gärten von Heligan in den Hügeln über dem Fischerdorf Mevagissey. Die ehrwürdige *Times* nannte es »die Gartenrestaurierung des 20. Jahrhunderts«, und 1999 wurden die Gärten von Heligan zum »Garten des Jahres« in Großbritannien gewählt, der meistbesuchte im Land war er schon vorher.

Dornröschen erwacht

Doch bis es zu den heutigen Superlativen kommen konnte, bedurfte es großer Anstrengungen. Tim Smit und John Nelson standen im Frühjahr 1991 vor einem schier undurchdringbaren Gestrüpp aus Brombeerhecken, Efeuwäldern, Lorbeerwucherungen, umgestürzten Bäumen, Knöterich- und Queckenteppichen, die eine 32 Hektar große Park- und Gartenlandschaft unter sich begruben.
Erste Zeugnisse eines großen Guts in Heligan, was im kornischen Dialekt soviel wie »Weide« bedeutet, stammen aus dem 12. Jahrhundert. Seit dem 16. Jahrhundert wiederum befand sich das Anwesen im Besitz der Familie Tremayne. Gutsherr Henry Hawkins Tremayne gestaltete die Gärten zwischen 1780 und 1790 so, wie sie heute im Großen und Ganzen wieder vor uns liegen. Während der beiden Weltkriege wurden sie vom Militär beschlagnahmt, die Amerikaner übten hier ihre Landung in der Normandie. Heligan verfiel in einen 70-jährigen Dornröschenschlaf. John Willis, ein Mitglied der Tremayne-Familie, erbte 1990 die Gärten und war bestürzt über deren Zustand. Nur vereinzelt ragte ein Palmenzweig aus dem Dickicht. Mit seinen damaligen *Head Gardenern* Smit und Nelson beschloss er, alles wieder freizulegen. Mit Macheten, Hacken, Scheren und einer Karte von 1839 machten sich

In den Anlagen von Heligan werden Zier-, Nutz- und Wildgärten miteinander verbunden (oben). Dazu gehört auch ein Taubenhaus (unten) und Nischen, in denen sich die Besucher ausruhen (rechte Seite unten). Die Skulptur des Riesen, aus einem alten Baumstamm geschaffen, scheint die Besucher zu ermahnen, die Natur zu schützen (rechts oben).

Der Fischerhafen von Mevagissey (rechte Seite unten) gehört zu den schönsten an der Küste Cornwalls, am Kai kann man den Fischern beim Anlanden ihres Fangs zusehen. Heute putzt sich das Städtchen besonders heraus (oben und rechte Seite oben), denn hinter mancher Tür (unten) lebt man nicht mehr vom Fischfang allein, sondern vom Tourismus.

freiwillige Helfer ans Werk und befreiten das Gelände Stück für Stück vom Wildwuchs, wurden beispielsweise in vier Monaten 1500 Tonnen Brombeerranken weggeräumt. Von Anfang an wurde der Park in allen Restaurierungsstufen der Öffentlichkeit zugänglich gemacht.

Riesenfarne und Redwoodbäume

Die Philosophie der Initiatoren war, den »verborgenen Geist der Gärten von Heligan« wieder auferstehen zu lassen. Es ist ihnen eindrucksvoll gelungen. Heute findet der Besucher eine nach dieser Vorgeschichte kaum vorstellbare Vielfalt an Bäumen, Pflanzen und Biotopen in einem lebendigen Museum englischer Gartenkultur. Auf dem Gelände vereinen sich Nutz- und Ziergärten, Gewächshäuser, Bienenstöcke, Gemüse- und Blumenbeete, Obstwiesen und Dschungelgebiete mit Riesenfarnen, Redwoodbäumen, Bananenstauden und dem Verlorenen Tal, ein von Platanen und Eschen beschattetes Sumpfgebiet, dessen Pflanzenwelt bis ins Mittelalter zurückreicht. Alte Mühlteiche, Schleusen und Plätze, die der Holzkohlegewinnung dienten, wurden ebenso entdeckt wie Kastanienwälder und Alleen aus Eichen und Buchen. 3000 Kubikmeter Schlamm wurden abgetragen, zwei Dämme wieder errichtet und Tausende von Wasserpflanzen angesiedelt.

Wer auf einem Teppich von *Bluebells* heute das Verlorene Tal durchstreift, spürt die geheimnisvolle Faszination, die von dieser Landschaft ausgeht. Er wandert vorbei an einer Kristallgrotte und einem Wunschbrunnen aus dem 18. Jahrhundert, wundert sich, dass im Ananasgraben wieder Früchte von bis zu zwei Kilogramm Gewicht gezogen werden mit einer Anbautechnik, die in England einmalig ist und ebenfalls auf die Mitte des 18. Jahrhunderts zurückgeht. Er bestaunt im Flora's Green den »Hexenbesen«, eine Douglasfichte, deren Stamm in zehn Metern Höhe von Gewächsen umgeben ist, die ein Verkleinerungsgen für Bonsaispezialisten liefern, oder die aus dem Himalaja stammende Rhododendron-Sammlung.

Das Mädchen und der Riese

Im Dschungel gibt es mehrere Dutzend Arten von Bambus und drei Bäume, die vermutlich die größten Europas sind: *Pinus thunbergii, Toona sinensis* und *Podocarpus totara*. Bei all diesem Reichtum an Blumen, Bäumen und Biotopen und trotz der in den Sommermonaten großen Besucherfrequentierung ist Heligan ein Ort der Besinnung geblieben. Es gibt genügend Nischen, in die man sich zurückziehen kann auf der Suche nach dem Geist von Heligan. Und vor zwei Skulpturen auf dem westlichen Woodland Walk ist noch jeder ins Meditieren verfallen.

Hat man sich aus dem Dschungelbereich hervorgearbeitet, den kleinen Hügelpfad erklommen und folgt dem Hauptweg zurück zu den nördlichen Gärten, taucht plötzlich auf der linken Seite in einer kleinen Lichtung eine schlafende Schönheit auf: *The Mud Maid*, das Schlamm-Mädchen. Im Jahr 1998 bekamen die Künstler Sue und Pete Hill den Auftrag, zwei ungewöhnliche »lebende Skulpturen« für Heligan zu schaffen, die sich in das Gesamtkonzept harmonisch einfügen sollten. Die *Mud Maid* besteht aus einer Mischung von Baumstämmen als Holzrahmen, Hände und Gesicht sind aus

Schlamm, Zement und Sand geformt, auf denen sich Flechten und Gräser breitgemacht haben. Der zum Schlaf geneigte Kopf wird von Efeu und Irisgewächsen geziert. Zu jeder Jahreszeit fasziniert die schlafende Schöne die Besucher, im Winter bedeckt ein sanftes Schneekleid ihren Körper, im Frühjahr ist sie von einem Teppich aus blauen Glockenblumen umgeben, im Sommer und Herbst hebt sie sich wie eine verträumte Prinzessin von der hinter ihr in der Ferne untergehenden Sonne ab. Auch der Kopf des Riesen, nur wenige hundert Meter weiter in der Nähe des Ausgangs, scheint aus der Erde zu wachsen. Er wurde geformt aus einer großen alten Baumwurzel, ist ebenfalls von Gräsern, Efeu und Montbretien bewachsen und mit Augen aus Porzellan- und Glasmosaiken versehen, die jeden eindringlich zu mustern scheinen: Hast du verstanden, nimmst du uns mit in deiner Erinnerung, wirst du unsere Natur beschützen?

Der Hafen von Mevagissey

Es gibt an Cornwalls Küste eine Vielzahl an kleinen, versteckten Buchten mit Fischerhäfen, die so charmant sind, dass man gar nicht mehr weiterreisen will. So ergeht es einem in Mevagissey, nur ein paar Meilen entfernt von den Lost Gardens of Heligan. Was dieses Fischerdorf mit seinen rund 2000 Einwohnern so einzigartig macht, ist seine äußerst gelungene Symbiose aus touristischer Infrastruktur und Erhalt des ursprünglichen Dorfcharakters. Sicher, am Hafen ziehen Restaurants, Kaffeehäuser und Sandwich-Buden die Besucher an, dümpeln die farbenprächtigen Boote im Wasser, doch die Atmosphäre ist noch immer so reizend wie zu den Zeiten der Schmuggler und Piraten.

QUELLE DER GENÜSSE

In einer Gasse am Hafen von Mevagissey versteckt sich in einem Anwesen aus dem 15. Jahrhundert ein uriges Pub, das man trotz der bunten Fähnchen vor lauter Efeuumrankter Fassade beinahe übersieht. Das wäre äußerst bedauerlich, denn das »Fountain Inn« ist eine wahre Quelle der Genüsse. Ob *Ploughman's Lunch*, *Fish'n'Chips* oder die gerade frisch angelandeten Makrelenfilets, frisch gezapftes St. Austell-Bier gehört natürlich dazu. Bereits 1883 von Walter Hicks, dem Gründer der St. Austell-Brauerei, eröffnet, kommt hier nur frische Ware auf die Teller und ins Glas. Das gilt selbstverständlich auch in der Smugglers Bar. Und für all jene, die von dem Seemannsgarn gar nicht mehr lassen können, stehen auch zwei günstige B&B-Zimmer zur Verfügung. The Fountain Inn, Cliff Street, Mevagissey, Tel. +44/(0)1726-842320, www.mevagissey.net/fountain.htm

WEITERE INFORMATIONEN

Von St. Austell über die B3237 Richtung Mevagissey, den braunen Schildern folgen. The Lost Gardens of Heligan, Pentewan, St. Austell, Cornwall PL26 6EN, Tel. +44/(0)1726-845100, www.heligan.com
Websites: www.staustelltown.co.uk
www.mevagissey-cornwall.co.uk

Dr. Johnson's Head (oben) am oft stürmischen Land's End (rechte Seite unten) bildet den westlichsten Punkt Englands, den südlichsten Zipfel die beinahe unberührte Lizard-Halbinsel. Hier tummeln sich die Robben in der Brandung (unten). Bei Falmouth kann man in den Trebah Gardens ein dschungelartiges Tal (rechte Seite oben) bewundern.

46 Sehen und bleiben – Lizard-Halbinsel für Kenner

Stille Schönheit umgeben vom Meer

Cornwall besitzt einen großen Reichtum an versteckten Buchten und faszinierenden Küstenlandschaften. Hier findet jeder seinen ganz persönlichen Traumstrand. Viele zieht es sogleich zum Land's End, dabei lassen sie die wunderschöne Halbinsel The Lizard links liegen. Und versäumen so nahezu unberührte Natur und verträumte Fischerdörfer, die vom Massenansturm noch verschont bleiben.

Selbst Cornwall-Kenner geraten ins Schwärmen, wenn der Name Lizard fällt. An der wild-romantischen Spitze der Halbinsel, am Lizard Point, befindet man sich am südlichsten Punkt Großbritanniens, doch Superlative sind hier gar nicht angebracht. Eine stille Schönheit umfasst die gesamte Halbinsel, von Porthleven bis zur Kynance Cove, von Cadgwith bis St. Keverne. Selbst das Marktstädtchen Helston am nördlichen Ende der Lizard-Halbinsel kommt noch recht beschaulich daher, sieht man einmal ab vom 8. Mai, wenn der *Furry Dance*, auch *Flora Day* genannt, gefeiert wird. Dann hält die rund 12000 Einwohner nichts mehr in ihren Häusern, quillt der Ort über vor Einheimischen und Besuchern, die sich das aus vorchristlicher Zeit stammende Spektakel mit Tanzgruppen in historischen Kostümen nicht entgehen lassen. Der Karneval beginnt bereits morgens bei Sonnenaufgang, die letzten Tänze und Maskenspiele werden am späten Nachmittag aufgeführt. Und wie in jedem Jahr besiegen die Heiligen George und Michael erneut den bösen Drachen und den Teufel. Und so kehrt wieder Ruhe und Frieden ein für das Jahr, in Helston und auf der ganzen Lizard-Halbinsel.

Wandern wie Federn im Wind

Die Landschaften der Lizard-Halbinsel sind nicht nur geprägt von felsigen Küsten, schroffen Klippen und kleinen Sandbuchten, auch saftig-grüne Wiesen und Hügel verleihen ihr einen lieblichen Charakter. Das macht sie so anziehend für Wanderer und Naturliebhaber. Auf dem Cornwall Coast Path gibt es wunderbare Tagesetappen, weitab vom lauten Treiben der Welt. Hier kommt man zur Ruhe, spürt den Wind, riecht das salzige Wasser und wandert federleicht über Wiesen so weich wie ein Teppich. Von der Mullion-Bucht aus führt eine rund 20 Kilometer lange Küstenstrecke bis nach Cadgwith. Dabei passiert man nicht nur Kynance Cove, die viele für die schönste Sandbucht Cornwalls halten, sondern auch Lizard Point und etwas weiter in östlicher

Richtung den Leuchtturm von 1751. Die bei jedem Wetter grandiose Aussicht ist Balsam für die Seele, es fällt schwer, sich davon zu trennen. Aber weiter geht es noch ein paar Kilometer in Richtung Cadgwith. Auch hier faszinieren die beruhigende Stille, der Klang des Windes, die reine Luft und ein Licht, das die Farben der Landschaft mit tiefem Blau und kräftigem Grün überlagert. Und wer dann im Pub von Cadgwith eintrifft, hat ein Leuchten in den Augen, ganz so als hätte er das eine, sein Fleckchen Erde gefunden, das er auf der ganzen Welt gesucht hat.

Helford und die Seehunde

Wer am Meer lebt, hat eine besondere Beziehung zur maritimen Tierwelt, und das nicht nur als Nahrungsmittel. Der Ort Gweek bei Helford Passage an der gleichnamigen Flussmündung am nördlichen Ende der Lizard-Halbinsel zum Beispiel beherbergt bereits seit 1975 die *National Seal Sanctuary*, eine Zufluchtsstätte nicht nur für Seehunde, sondern auch für verletzte Otter und Seelöwen, die an der Küste gefunden und hier gepflegt werden, bis sie wieder ins offene Meer zurückkehren können. Tiere, für die das zu gefährlich wäre, erfreuen die Besucher in den Becken. Wer hier mit seinem Eintrittsgeld einen Beitrag zum maritimen Tierschutz geleistet hat, darf dann beruhigt im »Ferry Boat Inn« am Fluss in Helford Passage eine Meeresfrüchteplatte bestellen, die Fähre nehmen und sich gestärkt auf den Weg machen zur nächsten Lizard-Wanderung. Denn da gibt es noch ein paar traumhafte Teilstrecken entlang der Falmouth Bay nach Porthoustock und so weiter.

AUF EINEN TEE NACH TREBAH

Ob man sich nun auf dem Weg zur Penwith oder zur Lizard Halbinsel befindet, macht keinen Unterschied. Bevor Land's End oder Lizard Point locken, gilt es die Gartenanlage der Trebah Gardens zu besuchen, denn sie gilt unter Kennern als eine der schönsten Gärten in ganz Cornwall. Ein charmanter Tea Room zwischen subtropischen Pflanzen, Baumfarnen, Palmen und Wassergärten bietet Erfrischungen und Snacks, homemade natürlich. Das geschützte Tal wirkt wie ein riesiger Dschungel, in dem die Zeit stehen geblieben zu sein scheint. Das Anwesen geht in einen schönen Sandstrand über, der die Besucher mit Strand- und Picknickromantik verwöhnt. Trebah Garden Trust, Mawnan Smith, Nr Falmouth, Cornwall, TR11 5JZ, Tel. +44/(0)1326-252200, www.trebah-garden.co.uk

WEITERE INFORMATIONEN

Tourist Information, 79 Meneage Street, Helston, Cornwall TR13 8RB,
Tel. +44/(0)1326-565431,
www.lizard-peninsula.co.uk
Websites: www.helston-online.co.uk
www.southwestcoastpath.com
www.cadgwith.com
www.sealsanctuary.co.uk

Sir Humphry Davy (1778–1829) war ein großer Chemiker seiner Zeit, im Zentrum von Penzance erinnert ein Denkmal (oben) an den Entdecker des Chlors. Der Hafen ist heute ein friedlicher Ort, einst tobten hier Kämpfe mit Piraten, Franzosen und Spaniern (rechte Seite unten). Bewegte Geschichte umgibt auch St. Michael's Mount (rechts oben).

47 Penzance – Kunst mit Genuss

Altes Schmugglernest mit urbanem Flair

Die größte Stadt der kornischen Riviera ist nicht nur Verkehrsknotenpunkt und Touristenziel, Penzance hat sich auch den Status eines lebendigen Kunst- und Kulturzentrums erworben. Hinzu kommt eine ausgeprägte Restaurantszene, die beweist, dass die englische Küche weit besser ist als ihr Ruf. Ein Feuerwerk geht Ende Juni ab, wenn das Golowan Festival gefeiert wird.

Böse Zungen behaupten, Penzance sei nur wichtig, weil es einen Bahnhof und ein großes Busterminal besitze und man von hier aus per Hubschrauber oder mit dem Fährschiff »Scillonian III« zu den Isles of Scilly komme. Das ist alles richtig, aber wer Penzance nur als Durchgangsstation nutzt, um den Westzipfel der Penwith-Halbinsel zu erreichen, versäumt einen der interessantesten Orte im ganzen Südwesten. Die Hafenstadt und ihre rund 20 000 Einwohner haben sich das Flair einer alten Handels- und Schmugglerstadt bewahrt. Nette Geschäfte, kleine Delikatessenläden, Antiquitäten- und Secondhand-Shops, Buchhandlungen und Galerien tragen zum lebhaften Erscheinungsbild bei. Gemütliche Pubs, alte Piratenkneipen, Gourmetrestaurants und die allgegenwärtige *Cornish Pasty*, mit der man über die schöne Strandpromenade flanieren kann: Es gibt keinen Grund, Penzance schnell wieder zu verlassen. Es sei denn, um auf dem Rückweg vom Land's End ein paar Tage hier zu verbringen. Sie werden zu den schönsten zählen, die man im Südwesten erleben kann.

Seebad, Garten und Galerien

Schon ein Bad im Jubilee Pool, dem Meereswasserschwimmbad am Westende des Hafens, ist ein Erlebnis. Das ganz im Art-déco-Stil gehaltene Freibad wurde 1935 erbaut und bietet eine fantastische Aussicht über die Bucht. Nach solch einer Erfrischung schlendert man die Queens und die Chapel Street entlang und bestaunt die Kolonnaden, die Granithäuser und fragt sich, wie Ägypten nach Cornwall gelangte. Wie bitte, Ägypten? Die mit orientalischen Ornamenten verzierte Fassade des Egyptian House, erbaut um 1835, sticht ins Auge. Die Begeisterung in England für alles Ägyptische erreichte zu jener Zeit gerade ihren Höhepunkt, da wollte der Architekt wohl nicht nachstehen und schuf dieses skurrile Haus nach dem Vorbild der Egyptian Hall am Londoner Piccadilly. Dort ist es natürlich längst verschwunden, in Penzance bekommt man einen guten Eindruck vom Original.

Auch das Penlee House Gallery & Museum gehört zu den Schmuckstücken, hier findet man Werke der besten Vertreter der Newlyn-Gruppe, einer Malerschule, die von Stanhope Forbes (1857 bis 1947) und seiner Gattin Elizabeth Forbes im Nachbarort Newlyn gegründet wurde und die Ursprung war für die noch heute so vielfältige Kunst- und Kulturszene. Penzance überrascht darüber hinaus mit vielen grünen Oasen, zwischen den Häusern strecken Palmen ihre Kronen in den Himmel, alles begünstigt von der geschützten Bucht und dem Golfstrom, der selbst exotische Gewächse erblühen lässt. Im öffentlichen Park der Morrab Gardens kann man sich am Springbrunnen ausruhen und das subtropisch erscheinende Gartenparadies mit Bambus und Aloe vera, Bananenstauden und Magnolien genießen. Man staunt immer wieder, was im so kalt-regnerischen England gedeiht.

Land's End und die Zinnmine

Es wurde ja bereits erwähnt, von Penzance aus zieht es die meisten Besucher in Richtung Land's End. Ob zu Recht, dazu kann sich jeder selbst ein Urteil bilden. Der Name lockt dabei mehr als die Realität, den Vermarktungsrummel rund um die Klippen kann man mögen oder auch nicht. Eine gewisse wilde Einsamkeit konnte der Landschaft zumindest nicht gänzlich ausgetrieben werden. Da wirken Orte wie das Minack-Theater bei Porthcurno oder die Geevor Tin Mine zehn Kilometer westlich von Penzance weitaus authentischer. Hier wurde noch bis 1990 Zinn abgebaut, heute ist Geevor die größte erhaltene Zinnmine Großbritanniens. Der Stollen führt tief hinunter in die Felsen, auch das Besucherzentrum, ein Café mit herrlichem Blick auf das Meer und der Shop bieten wirklich *value for money*.

DER BERG UND DAS DORF

Marazion heißt ein kleiner Ort an der Mount's Bay, die kleine, vorgelagerte Insel St. Michael's Mount mit dem Märchenschloss on top ist das Ziel. Bei Ebbe kann man die Pilgerinsel aus dem 6. Jahrhundert zu Fuß über einen Damm erreichen, bei Flut mit offenen Booten. Der heilige Michael soll den Mönchen hier erschienen sein, im Laufe der normannischen Eroberung wurde es von König Eduard dem Bekenner (1003 bis 1066) dem Benediktinerorden von Mont St. Michel übergeben, der hier eine englische Dependance errichtete. Heinrich VIII. beschlagnahmte die Insel und ließ sie in eine Festung umbauen. Ab dem 17. Jahrhundert gehörte sie der St. Aubyn-Familie, heute dem *National Trust*. Neben einigen Räumen des Schlosses kann man sich auch die Felsengärten anschauen mit wundervollen Ausblicken auf die Bucht und – auf das hübsche Marazion. St. Michael's Mount, Manor Office, Marazion, Cornwall TR17 0HS, Tel. +44/(0)1736-710265 www.stmichaelsmount.co.uk

WEITERE INFORMATIONEN

Tourist Information Centre, Station Approach, Penzance, Cornwall TR18 2NF, Tel. +44/(0)1736-335530, www.purelypenzance.co.uk
Websites: www.theabbeyonline.co.uk
www.landsend-landmark.co.uk

Cornwalls Küste hält nicht nur bei Newquay (rechte Seite oben) zauberhafte Abschnitte bereit, auch der Strand von St. Ives kann sich sehen lassen (rechts unten). Das »Sloop Inn« stammt aus dem 14. Jahrhundert (oben) und glänzt mit einer Terrasse und schönem Hafenblick. Auch die Tate Gallery St. Ives bietet große Kunstausstellungen (unten).

48 St. Ives – Barbara Hepworth & Co.

Vom Sardinenfang zum Kunstzentrum

In St. Ives haben sich im Laufe der Jahrhunderte viele Künstler niedergelassen, an der Küste erscheinen die Farben bunter und das Licht besonders klar. Eine Tate-Galerie und ein Barbara Hepworth Museum zeigen die inspirierende Kraft dieser Landschaft. Schmale Gassen, ein romantischer Hafen und schöne Strände verleihen St. Ives magische Anziehungskraft.

Die zahlreichen kleinen Fischerorte an der Küste Cornwalls mussten sich in den letzten Jahrzehnten, wie die traditionellen Zinnbergbaudörfer auch, mit dem Problem der Globalisierung auseinandersetzen. Viele traf der Verlust ihrer Erwerbsquellen hart, den Niedergang zu verhindern hieß, sich dem Dienstleistungsgewerbe und dem Tourismus zu verschreiben. Einigen gelang das schneller, andere brauchten dafür mehr Zeit. Denn es ist für jeden älteren Seebären sicher schwer, nicht mehr täglich hinauszufahren, mit gutem Fang heimzukehren, mit und vom Meer zu leben. Manchen half der Zufall. St. Ives, einst der bedeutendste Sardinenfischereihafen Cornwalls, wurde bereits Ende des 19. Jahrhunderts von Malern, Schriftstellern und Künstlern aller Couleur »entdeckt«. Den Anfang machte ein Amerikaner: Der Maler James Whistler ließ sich hier nieder und löste einen Boom aus. Dem konnten sich auch zwei der bedeutendsten englischen Künstler des 20. Jahrhunderts, Barbara Hepworth (1903–1975) und Ben Nicholson, nicht entziehen. Die Bildhauerin und der Maler suchten in St. Ives ab 1939 Schutz vor dem Zweiten Weltkrieg. Hepworth hatte sich in das malerische Küstenstädtchen verliebt, die archaische Kraft der Landschaft und die vielschichtigen, organischen Beziehungen von Licht, Form und Farbe beeinflussten ihr Werk immer wieder. Bis zu ihrem tragischen Tod, verursacht durch einen Brand in ihrem Atelier, ist sie St. Ives treu geblieben. Das Wohnhaus wurde zum Hepworth-Museum umgestaltet und wird heute unter der Regie der Tate Gallery geführt. In dem von ihr selbst angelegten Garten kann man einige ihrer Skulpturen in authentischer Umgebung bewundern.

Kreative Damen: Woolf und Pilcher

In St. Ives bildete sich zudem eine Malerschule heraus, die hauptsächlich mit abstrakten Gemälden für Aufsehen sorgte. Noch heute findet man an fast jeder Ecke ein Atelier, eine Galerie, Autodidakten, abstrakte und naive Malerei.

Das Städtchen inspirierte nicht nur Maler und Bildhauer, auch Dichter und Schriftstellerinnen wurden von seiner Idylle angezogen. Virginia Woolf (1882 bis 1941) kam immer wieder hierher, ihr Roman *To the Lighthouse* bezieht sich auf den Leuchtturm am Godrevy Point. Und in dem wenige Kilometer östlich gelegenen Dorf Lelant an der Flussmündung des Hayle wurde 1924 die in Deutschland besonders bekannte Schriftstellerin Rosamunde Pilcher geboren, deren Romanverfilmungen noch immer die Menschen nach Cornwall ziehen. Ihre Kindheitserinnerungen an St. Ives hat sie in dem Weltbestseller *Die Muschelsucher* beschrieben. Auch ihre Romane *Heimkehr* und *Der Tag des Sturms* spielen in diesem Teil Cornwalls.

Selbst wenn man kein großer Liebhaber der bildenden Kunst ist, St. Ives zu verlassen, ohne die Tate-Galerie gesehen zu haben, kommt einem Sakrileg gleich.

Große Kunst: Tate St. Ives

Der Ableger der Tate London wurde 1993 von keinem Geringeren als Prinz Charles höchstpersönlich eröffnet. Schon das Gebäude ist ein architektonisches Meisterwerk, fügt sich perfekt ein in die Umgebung. In den Ausstellungsräumen werden nur die wichtigsten Werke von Künstlern präsentiert, die auch in St. Ives und in der Nähe gelebt und gearbeitet haben. Hinzu kommen hochkarätige Wechselausstellungen zeitgenössischer Kunst und Keramik aus aller Welt. Und auch hier schließt sich ein Kreis: Mit den Gemälden eines Alfred Wallis (1855 bis 1942) zeigt die Tate ein Beispiel dafür, dass ein Fischer auch im Alter von fast 70 Jahren noch zum Pinsel greifen und großartige Bilder malen kann. So wird St. Ives für den Besucher zu einem ermutigenden und inspirierenden Ort, der gleichermaßen erholsam ist und die eigene Kreativität fördert.

SPUK UND SPA IN MAWGAN PORTH

Der Riese Bedruthan, ein untoter Mönch und dämonische Hunde: Im Herbst können Familien das gespenstische Cornwall vom »Bedruthan Steps Hotel« aus entdecken. Wenn der Wind düstere Wolken über den Himmel peitscht, dann werden gruselige Geschichten abends am Kaminfeuer des Hotels vorgelesen. Damit die Kinder dennoch süße Träume haben, vertreibt ein Clown alle dunklen Gedanken. Familien genießen Priorität im »Bedruthan Steps Hotel«, das von den drei Schwestern Emma, Rebecca und Deborah geführt wird. Das Schwesterhotel »The Scarlet« befindet sich gleich um die Ecke und wurde direkt auf die Klippen gebaut. Das Boutiquehotel bietet ökologische Bewirtschaftung, Ayurveda-Spa und einen Platz zum Träumen mit zwei Außenbadewannen direkt auf den Klippen. Bedruthan Steps und Scarlet Hotel, Mawgan Porth, Cornwall TR8 4BU, Tel. +44/(0)1637-860860, www.bedruthan.com und www.scarlethotel.co.uk

WEITERE INFORMATIONEN

Tourist Information Centre, Guildhall, Street-on-Pol, St. Ives, Cornwall TR26 2DS, Tel. +44/(0)1736-796297, www.stives-cornwall.co.uk
Websites: www.tate.org.uk/stives/hepworth
www.artcornwall.org

49 Isles of Scilly – am Ende der Welt

Versteckte Buchten wie auf der Hauptinsel St. Mary's (rechte Seite) findet man häufig auf den Isles of Scilly. Das vom Golfstrom verwöhnte Klima lässt auf St. Agnes die Gärten der Cottages erblühen (unten). Mit den Propellermaschinen des Skybus (oben) gelangt man am schnellsten zur Inselgruppe, es gibt aber auch tägliche Fährverbindungen.

Vom Golfstrom verwöhnt, von der Queen geadelt

Zauberhaft geht es auf der Inselgruppe der Isles of Scilly zu, die 50 Kilometer vor Land's End im Atlantik liegen und das wärmste Klima Großbritanniens aufweisen. Die Queen trifft man hier nicht alle Tage, aber königliches Flair erlebt man rund um die Hauptinsel St. Mary's und den vier weiteren bewohnten Inseln Tresco, St. Martin's, Bryher und St. Agnes allemal.

Ob mit der Fähre, per Helikopter oder mit einer Propellermaschine von Skybus, der Archipel der 140 Isles of Scilly ist für jeden, der etwas Außergewöhnliches sucht, genau das Richtige. Schon die Anreise ist ein Erlebnis, vom Meer oder durch das kleine Fenster des Flugzeugs aus wirkt die Küste Cornwalls wie von Märchenhand gezeichnet. Man träumt von einem eigenen kleinen Haus in der Nähe der Klippen, von einem durch eine Steinmauer geschützten Nutz- und Ziergarten, in dem Gemüse und Blumen gleichberechtigt nebeneinander wachsen, und kann sich kaum vorstellen, dass es einen schöneren Platz in Südengland gibt, um sich zur Ruhe zu setzen. Diese romantische Träumerei findet ihre Bestätigung, sobald man den Fuß auf St. Mary's gesetzt hat. Die Hauptinsel der Isles of Scilly setzt mit ihrem Charme dem Archipel die Krone auf.
Zwar mussten die Insulaner auf den erneuten Besuch der Queen im Juni 2011 immerhin 44 Jahre warten, doch das Ereignis brachte die ganze Begeisterung der Bewohner für ihre Königin und die schönsten Seiten der Inseln intensiv zum Erstrahlen. Und ließ die Menschen noch ausgeglichener, freudiger und mit lächelndem Stolz zurück: Ja, wir hier draußen sind nicht vergessen und etwas ganz Besonderes, das hat selbst unsere Königin beeindruckt.

St. Mary's und die Armada

Auf den vom Golfstrom verwöhnten Inseln scheint an durchschnittlich über 1800 Stunden im Jahr die Sonne, was sie natürlich zu einem gefragten Urlaubsziel für die Briten macht. Das könnte Begehrlichkeiten wecken, doch die Insulaner wissen genau, was sie wollen und was nicht. So bleibt die Zahl der Unterkünfte begrenzt, denn man will einem ausufernden Tourismus nicht die größten Schätze des Inselparadieses opfern: unberührte Natur, Ruhe und Abgeschiedenheit, kilometerlange, weiße Sandstrände, azurfarbenes Meer und ein Klima, das Heiterkeit in der Seele zu fördern scheint. Warum das alles aufgeben? Natürlich lebt man

Vogelparadies gefällig? Ein Reiher auf St. Agnes (oben). Palmen bitteschön? Wunderbarer Klostergarten auf Tresco (unten). Wind und Wetter? Der Kai auf St. Mary's hält den Stürmen stand (rechts oben). Geschützter Hafen? In Hugh Town legen die Fähren von Penzance an, von hier geht es weiter zu den vielen kleinen Inseln (rechte Seite unten).

auch auf der Hauptinsel St. Mary's nicht mehr vom Schmuggel, doch Traditionen wie die Narzissenzucht und der Fischfang in kleinen Booten bleiben erhalten und sind noch immer eine wichtige Einnahmequelle. So wird auch in Zukunft der gemeinsame Umweltrat der Inseln die 2000 Gästebetten nicht ausweiten.
St. Mary's ist nur fünf Kilometer lang und rund drei Kilometer breit, die Mehrzahl der etwa 2000 Einwohner lebt in der »Hauptstadt« Hugh Town, doch findet man überall verstreut kleine Farmen, Höfe, Ansiedlungen und Gästehäuser, die zu einer Erfrischung einladen. Hier legen die Fähren von Penzance an, gibt es einen kleinen Flughafen für den Skybus, der Hugh Town mit Land's End, Newquay oder Plymouth verbindet. Von der Festungsanlage The Garrison, einst zum Schutz vor der spanischen Armada errichtet, hat man einen wunderbaren Blick über die Inseln, und im Isles of Scilly Museum wird die Geschichte der Fischer, Seeleute und Farmer der Inseln erzählt.

Tresco und die Schmugglerhöhle

Die zweitgrößte Insel Tresco erreicht man in knapp zwanzig Minuten mit dem Motorboot. Im Hafen von Hugh Town bieten mehrere Seeleute regelmäßige Überfahrten an, die meistens auf der Hinfahrt an der Südspitze Carn Near anlegen. Von dort aus führt ein schöner, gut begehbarer Wanderweg zum Hauptort New Grimsby, vorbei an Tresco Abbey, den langgezogenen Stränden der Appletree Bay und über den Plumb Hill zum New-Grimsby-Hafen. Selbst in den Sommermonaten begegnet man hier nur vereinzelt Wanderern, Ornithologen oder Meeresbiologen, die wenigen Urlauber

verteilen sich beinahe unbemerkt über die Insel.
Am Nordende von Tresco kann man von den Ruinen des King Charles Castle hinüber nach Bryher schauen und über die Klippen Piper's Hole erreichen, eine legendäre Schmugglerhöhle samt kleinem See. Auch Meerjungfrauen sollen hier gesichtet worden sein. Doch Vorsicht! Wer eine solche Schönheit entdeckt, übersieht leicht die tiefen Löcher im Boden und landet vielleicht in einer der alten Zinngruben, aus denen man nur schwer wieder herausfindet.
Im Jahr 2003 wurden auf Tresco mehrere Reste von Hütten aus der Bronzezeit entdeckt, die durch Verbindungswege miteinander verknüpft sind. Wenn man genug Geld aufgetrieben hat, sollen Ausgrabungen die Vergangenheit ans Tageslicht bringen. Bis dahin genießt man hier ganz einfach das Leben, so wie es ist, und sorgt sich nicht um unfertige Projekte einer fernen Zukunft.

Wein auf St. Martin's

Viele Tagesausflügler besuchen St. Martin's, die nordöstlichste der Isles of Scilly, wegen ihrer traumhaften Strände, die sich mit den besten der Karibik oder

Polynesiens messen können. Doch nur um die Strände zu besuchen, hieße, der drittgrößten Insel des Archipels nicht gerecht zu werden. Ein Spaziergang von der *Higher Town* zur *Lower Town* quer über die Insel macht vertraut mit dem purpurfarbenen Heidekraut und dem goldenen Ginster, der in der Sonne strahlt. Selbst Reben gedeihen hier prächtig, bei Val und Graham Thomas kann man die Weinberge besichtigen und den St. Martin's Reichensteiner Weißwein probieren. Wer dem Charme der Insel verfällt, muss sich allerdings frühzeitig um eine der wenigen Unterkünfte kümmern, denn außer dem »St. Martin's Hotel« gibt es nur noch einige Privatzimmer, die vermietet werden. Auch für an Archäologie Interessierte gibt es vor allem rund um Chapel Down im Ostteil der Insel prähistorische Menhire und Kultstätten der Bronzezeit zu entdecken, oder man klettert bei Ebbe über die Felsen am Nordende von St. Martin's und wird verzaubert von der archaischen Einsamkeit des White Island.

St. Agnes und Bryher

Die südwestlichsten der gesamten Britischen Inseln sind St. Agnes und das bei Ebbe über eine Sandbank zu erreichende Gugh. Hier haben zahlreiche Seevögel wie Tölpel, Sturmvogel, Papageientaucher, Lummen, Tordalk oder die Dreizehenmöwe ihr Rückzugsgebiet gefunden. Man sollte dem Old Man of Gugh einen Besuch abstatten. Das drei Meter hohe prähistorische Monument ist ein Ritualstein der Bronzezeit, der wie ein Wächter der Welt getrotzt hat. Das kleine Bryher ist die von den Naturgewalten des Atlantiks am stärksten betroffene bewohnte Insel. An der Felsküste und den Klippen der Shipman Heads und der Hell Bay im Nordwesten brechen sich die Wogen des Meeres, im Süden an der Green Bay locken sanfte Strände.

GUESTHOUSE-EMPFEHLUNG: Sage House, Sabine Schraudolph, High Lanes, St. Mary's, Isles of Scilly TR21 0NW, Tel. +44/(0)1720-422440, www.scillyguesthouse.co.uk

KLOSTERGARTEN MIT GALIONSFIGUREN

Auf Tresco gibt es eine Gartenanlage mit imposanten Bäumen, Stauden und tropischen Pflanzen wie Agaven, Zimtbäumen, Eukalypten, Palmen und Bananen, die jeden Gartenliebhaber verzückt. Im Abbey Garden wähnt man sich wie in der Südsee, so üppig präsentiert sich das Anwesen, das ab 1834 um die Überreste eines St. Nikolaus-Klosters des 12. Jahrhunderts herum entstanden ist. Augustus Smith trug Pflanzen und Bäumen aus aller Welt zusammen, die heute auf über 5000 subtropische Arten angewachsen sind. Die heutige Besitzerfamilie Dorrien-Smith beschäftigt neun Gärtner, die alles hegen und pflegen. Sehenswert ist auch die Sammlung von Galionsfiguren, die in einem Museum auf dem Gelände untergebracht sind. Die Schiffe waren in den umgebenden Gewässern gesunken. The Abbey Garden, Tresco, Isles of Scilly TR24 0QQ, Tel. +44/(0)1720-424108, www.tresco.co.uk

WEITERE INFORMATIONEN

Tourist Information Centre, Hugh Street, Hugh Town, St. Mary's, Isles of Scilly TR21 0LL, Tel. +44/(0)1720-424031, www.simplyscilly.co.uk
Websites: www.iosmuseum.org
www.scillyboating.co.uk
www.stmartinsvineyard.co.uk

Mit den Kindern Krabben fischen im Hafenbecken (oben), eine – besser zwei – echte Fleischpasteten aus Padstow (unten), dann ein ausgiebiger Spaziergang am Meer (rechte Seite unten) oder eine Wanderung zur sagenumwobenen Burg Tintagel mit ihren dramatischen Klippen (rechte Seite oben) – und fertig ist das südenglische Glück.

50 Pilgerziel Padstow – für Fischfeinschmecker

Gourmethafen für *Seafood*-Fans

Am Mündungstrichter des River Camel gelegen, besitzt Padstow mit einer Mischung aus traditionellem Fischereihafen und quirligem Familienurlaubsort viel Atmosphäre. Umgeben von zahlreichen attraktiven Stränden, zieht es zahlreiche Surfer und Segler an. Und auch der Gaumen kommt nicht zu kurz: *Seafood* von Rick Stein gehört zu Padstow wie die Klingel zum Fahrrad.

Die ersten Bewohner waren Vertreter der Glockenbecherkultur, dann folgten keltische Volksstämme, die um 2000 v. Chr. dieses Gebiet besiedelten. Heute ist Padstow zu einem der beliebtesten Ausflugsziele an den kornischen Küsten aufgestiegen. Jährlich strömen rund eine Million Besucher in den Ort, der eigentlich nur 3100 Einwohner hat. Und auch die Klostergründung im 6. Jahrhundert n. Chr. durch den walisischen Missionar Petroc zog nicht die Massen an. Noch heute thront über dem Hügel der Turm der St. Petroc's Church; von dort aus hat man einen wunderbaren Blick auf Padstow, die Flussmündung und die malerischen Strände.

Und auf die Häuser des Rick Stein, sollte man ergänzen. Denn Mister Stein ist so etwas wie der neue Star in Padstow. Lästernde Zungen taufen Padstow sogar in Padstein um, das aber sind die ewig Gestrigen, die neidvoll auf den Erfolg des in ganz England bekannten Gourmetkochs schauen, der mit TV-Shows, Kochbüchern, zwei Restaurants und diversen Läden und Geschäften in Padstow zum *Seafood*-Guru geworden ist. Und ganz nebenbei den Ort so berühmt gemacht hat, dass im Sommer die Besucher sich in Scharen um den kleinen Hafen drängeln, durch die schmalen Gassen flanieren oder geduldig für einen Platz in einem der Restaurants anstehen. Denn es gibt wohl keinen besseren Hummer, Heilbutt, Seehecht oder Seebarsch als im »St. Petroc's Restaurant«. Selbst die Qualität in Rick Steins vornehmem *Fish'n'Chips*-Lokal am Hafen entschädigt für die in der Hauptsaison oft schwierige Parkplatzsuche. Man würde ja vor solch einem Touristenrummel warnen, doch in Padstow ist das nicht gerechtfertigt, denn hier gelingt der Spagat zwischen Tradition und Business. Und am Abend, wenn die Tagesausflügler abgereist sind, wird es ja beinahe ruhig in Padsteinstow.

Heimatmuseum mit weltweiten Freunden

Eine Oase der Ruhe ist auch das kleine, aber empfehlenswerte Padstow Museum

von John Buckingham und seinen Freunden. Es liegt ein wenig versteckt am Market Place im ersten Stockwerk eines roten Backsteinbaus und macht wenig Aufhebens, dabei ist das Heimatmuseum ein liebevoll gestaltetes Erinnerungsalbum zur Entwicklung des Orts vom kleinen Fischerhafen zum Besuchermagneten. Bereits 1971 erkannte eine Gruppe um Bill Lindsey, dass mit der schnellen Wandlung des Orts viel historisches Ambiente, alte Fotografien, Kunsthandwerk und Traditionen verloren gehen würden. So bekam man zwei Räume von der Gemeinde zur Verfügung gestellt, die natürlich längst zu klein geworden sind. Man kann die ehrenamtliche Arbeit nicht genug loben, die detailgetreue Präsentation der Artefakte, der Gerätschaften und Kuriositäten und John Buckingham und seinen Mitstreitern nur wünschen, dass bald neue Räume hinzukommen. Freunde des Museums gibt es inzwischen auf der ganzen Welt, von Amerika bis zu den Pitcairn-Inseln.

Herrenhaus für Rosamunde-Pilcher-Fans

Ein weiteres Gebäude zieht zumindest Besucher aus ganz Deutschland an: Prideaux Place. Das Ah und Oh ist groß, wenn man die Einfahrt zu dem elisabethanischen Sitz der Prideaux-Familie hinaufschreitet und vor dem Anwesen steht, das man so oft in den Pilcher-Verfilmungen gesehen hat. Man kann die Räumlichkeiten und das stilechte Mobiliar innerhalb einer Führung besichtigen, durch den großen Park und die Gärten spazieren, die von Peter und Elisabeth Prideaux-Brune gerade wieder in ihre einstige Gestalt zurückgeführt werden, und man fragt sich angesichts der traumhaften Ausblicke auf die Bucht und Padstow: Warum bin ich nicht Schauspieler geworden?

MYTHOS ÜBER DEM MEER – TINTAGEL

Um König Artus gibt es so viele Legenden wie Fälschungen. Selbst jene, die schon einige Plätze der Artus-Sage besucht haben, werden hier sprachlos vor Staunen. Tintagel an der dramatischen Küste Cornwalls könnte tatsächlich der Geburtsort von König Artus sein. Zumindest versteht man hier sofort, was die Faszination der Artus-Sage ausmacht. Besser kann man eine Festung am Meer einfach nicht platzieren. Und so reiht man sich ein in den Pilgerzug der Artus-Jünger, erklimmt selbst als von Höhenangst geplagter Zeitgenosse das sturmumwehte Plateau zwischen Himmel und Meer und kommt zurück mit verklärtem Blick: Ja, ich war dort oben, im Land der Legenden. Tintagel Castle, Tintagel, Cornwall PL34 0HE, Tel. +44/(0)1840-770328, www.english-heritage.org.uk

WEITERE INFORMATIONEN

Tourist Information Centre, North Quay, Padstow, Cornwall PL28 8AF, Tel. +44/(0)1841-533449, www.padstowlive.com
Websites: www.oldshiphotel-padstow.co.uk
www.padstowmuseum.co.uk
www.prideauxplace.co.uk
www.rickstein.com

Wer rund um Tintagel Castle, der König-Artus-Burg an Cornwalls Westküste, die Klippen und Felsformationen durchstreift, glaubt schon bald, die Gestalten und Geister der Artus-Sagen seien hier in Stein gegossen worden.

Mit Volldampf: In Exbury im New Forest fährt eine kleine Dampflok die Besucher durch die Gärten (oben). Von den Spitzdächern der Malzhäuser in Kent hat man die beste Sicht auf das Cricket-Spiel in Bearsted (Mitte), ebenso elegant geht es im Salon in Arundel Castle zu (unten).

Register

Sach- und Personenregister

Personenregister

Hoch zu Ross: Wie hier im Doone Valley in North Devon (unten) lassen sich die oft dramatischen Landschaften Südenglands (Mitte) wunderbar mit Pferden entdecken. Über dem mittelalterlichen Totnes in der Nähe von Torquay thronen die Überreste einer normannischen Burg (oben).

Mit Sonnenschein: Englands Süden wird durch den Golfstrom mit einem milden Klima verwöhnt, die bunten Badehäuschen an der Küste (oben) und der geflügelte Drache im Stadtwappen von London (Mitte) erstrahlen an Sonnentagen umso freundlicher. Da glänzt auch St. Ives mit der Sonne um die Wette (unten).

Impressum

Autor und Fotograf danken folgenden Organisationen für die Unterstützung: English Heritage, National Trust, VisitEngland (www.visitengland.com).
Für zahlreiche Anregungen bedanken wir uns bei: Sarah Flanaghan, Therese Heslop, Sophie Hughes, Lisa Kendall, Loraine Morris, Mary Sewell, Kathleen Thompson, Lorna Tremayne, Lisa Walker, Ian Weightman.

Produktmanagement: Joachim Hellmuth
Layout und Bildredaktion:
VerlagsService Gaby Herbrecht, Mindelheim
Repro: Repro Ludwig, Zell am See
Umschlaggestaltung: Studio Schübel, München
Kartografie: Astrid Fischer-Leitl, München
Herstellung: Bettina Schippel
Printed in Italy by Printer Trento

Alle Angaben dieses Werkes wurden vom Autor sorgfältig recherchiert und auf den aktuellen Stand gebracht sowie vom Verlag geprüft. Für die Richtigkeit der Angaben kann jedoch keine Haftung übernommen werden. Für Hinweise und Anregungen sind wir jederzeit dankbar. Bitte richten Sie diese an:

Bruckmann Verlag
Postfach 400209
D-80702 München
E-Mail: lektorat@bruckmann.de

Bildnachweis
Alle Bilder des Innenteils stammen von Richard Gardner, außer:
Jörg Berghoff: S. 21 o., 21 u., 25 o., 27 o., 29 o., 31 o., 33 o., 35 o., 37 o., 41 o., 42 u., 45 o., 47 o., 48 o., 57 o., 67 o., 68 o., 70 o., 71 o., 71 u., 75 o., 77 o., 79 o., 83 o., 91 o., 95 o., 95 u., 97 o., 101 o., 106 u., 109 o., 113 o., 116 o., 117 u., 119 o., 127 o., 131 o., 133 o., 137 o., 149 o.,153 o., 156 u.;
Bournemouth Highcliff Marriott Hotel: S. 103;
English Riviera Tourism Company: S. 6/7, 164 l.o., 129;
Fotolia (www.fotolia.de): S. 154 u. (alex), 122 o. (antalpeter81), 157 o. (Big Rolo Images), 29 u. (Gurney, S.), 143 u. (Leadbetter, D.), 105 (Schiffer, H.), 156 l.o. (Sharpshot), 129 u. (Thompson, J.);
John Glover: S. 48 u.;
Picture Alliance, Frankfurt a. M.: S. 18/19, 36 o. (Arco Images GmbH), 36 u. (Bildagentur Huber), 69 o., 69 u. (dpa), 37 u., 53 o. (Photoshot);
Sammy Minkoff: S. 121 o., 121 u., 123 o., 136 o., 136 Mitte, 137 u.;
Shutterstock (www.shutterstock.com): 124 l.o. (Chadwick, S.), 164 u. (Chambers, J.), 136 u. (Clark, P.), 68 u. (Cousland, N.), 104 o. (Crosbie, C.), 134 u. (Gale, D.), 23 (Melichar, R.), 133 u., 163 o. (Samot), 163 M. (Wise, K.), 108 o., 134 o., 135 (Young, D.).

Umschlag
Vorderseite, v. o. n. u.: St Helens Chapel, Cape Cornwall (Interfoto, München/The Travel Library / Howell, T.), Sonnenaufgang über den Kreidefelsen von Dover (Interfoto/The Travel Library / Foulkes, J.), Wasserspiegelung in einem See im Kennick Reservoir in Dartmoor (Interfoto/The Travel Library / Clapp, D.)
Rückseite, v. l. n. r.: Orbit Tower und Olympiastadion in London (Picture Alliance/dpa), Reiter und Pferde (Shutterstock / Gann, M.), die Victorian Tea Rooms auf dem Eastbourne Pier (Richard Gardner).

Klappe vorne: Die Oldway Mansion in Paignton (English Riviera Tourism Company).
Klappe hinten: Strand bei Padstow (Richard Gardner).
S. 2/3: Die Weymouth Bay, Austragungsort der olympischen Segelwettbewerbe 2012 (English Riviera Tourism / Brent, M.)
S. 166/167: Garten des Arundel Castle in West Sussex (Richard Gardner)

Die Deutsche Nationalbibliothek verzeichnet diese Publikation in der Deutschen Nationalbibliografie; detaillierte bibliografische Daten sind im Internet über http://dnb.d-nb.de abrufbar.

Aktualisierte Neuauflage

ISBN 978-3-7654-5597-1

In gleicher Reihe erschienen ...

ISBN 978-3-7654-6180-4

ISBN 978-3-7654-6776-9

ISBN 978-3-7654-6775-2

ISBN 978-3-7654-6777-6

ISBN 978-3-7654-6179-8

ISBN 978-3-7654-8227-4

Highlights Ägypten
978-3-7654-5437-0

Highlights Andalusien
978-3-7654-5599-5

Highlights Australien
978-3-7654-4828-7

Highlights Berlin
978-3-7654-5871-2

Highlights Brasilien
978-3-7654-6121-7

Highlights China
978-3-7654-4830-0

Highlights Deutschland
978-3-7654-6794-3

Highlights Englands Süden
978-3-7654-5597-1

Highlights Frankreich
978-3-7654-5368-7

Highlights Gardasee
978-3-7654-6772-1

Highlights Hamburg
978-3-7654-5831-6

Highlights Irland
978-3-7654-5214-7

Highlights Island
978-3-7654-5592-6

Highlights Israel
978-3-7654-5598-8

Highlights Japan
978-3-7654-6495-9

Highlights Kanada
978-3-7654-4760-0

Highlights Karibik
978-3-7654-4869-0

Highlights Kuba
978-3-7654-5596-4

Highlights London
978-3-7654-5835-4

Highlights Mallorca
978-3-7654-5465-3

Highlights Namibia
978-3-7654-6026-5

Highlights Neuseeland
978-3-7654-4750-1

Highlights New York
978-3-7654-5751-7

Highlights Norwegen
978-3-7654-4827-0

Highlights Oman & Dubai
978-3-7654-6032-6

Highlights Paris
978-3-7654-5753-1

Highlights Peru
978-3-7654-5436-3

Highlights Portugal
978-3-7654-5533-9

Highlights Rom
978-3-7654-5752-4

Highlights Russland
978-3-7654-5600-8

Highlights Schweden
978-3-7654-4973-4

Highlights Schweiz
978-3-7654-5872-9

Highlights Sizilien
978-3-7654-5880-4

Highlights Skandinavien
978-3-7654-6119-4

Highlights Südafrika
978-3-7654-4748-8

Highlights Thailand
978-3-7654-5863-7

Highlights Toskana
978-3-7654-5843-9

Highlights USA Der Westen
978-3-7654-5758-6

Highlights Vietnam
978-3-7654-5144-7

BRUCKMANN

www.bruckmann.de